古典文獻研究輯刊

三二編

潘美月・杜潔祥 主編

第39冊

南宋戲謔詩校注
（第二冊）

張福清 著

國家圖書館出版品預行編目資料

南宋戲謔詩校注（第二冊）／張福清 著 -- 初版 -- 新北市：
花木蘭文化事業有限公司，2021〔民110〕
目 2+168 面；19×26 公分
（古典文獻研究輯刊 三二編；第 39 冊）
ISBN 978-986-518-420-9（精裝）
1. 宋詩 2. 詩話
011.08　　　　　　　　　　　　　　　　110000636

ISBN-978-986-518-420-9

9 789865 184209

古典文獻研究輯刊
三二編　第三九冊　　　　　　ISBN：978-986-518-420-9

南宋戲謔詩校注（第二冊）

作　　　者　張福清
主　　　編　潘美月、杜潔祥
總 編 輯　杜潔祥
副總編輯　楊嘉樂
編　　　輯　許郁翎、張雅淋　美術編輯　陳逸婷
出　　　版　花木蘭文化事業有限公司
發 行 人　高小娟
聯絡地址　235 新北市中和區中安街七二號十三樓
　　　　　　電話：02-2923-1455／傳真：02-2923-1452
網　　　址　http://www.huamulan.tw 信箱 service@huamulans.com
印　　　刷　普羅文化出版廣告事業
初　　　版　2021 年 3 月
全書字數　687400 字
定　　　價　三二編 47 冊（精裝）台幣 120,000 元　　版權所有・請勿翻印

南宋戲謔詩校注
（第二冊）

張福清　著

目

次

卷　七

洪　皓

洪皓（1088～1155），字光弼，饒州鄱陽（今江西波陽）人。徽宗政和五年（1115）進士。高宗建炎三年（1129），以徽猷閣待制、假禮部尚書充大金通問使。紹興十三年（1143），被金朝放歸南宋。除徽猷閣直學士、提舉萬壽觀兼權直學士院。尋因忤秦檜，責授濠州團練副使，安置英州。著有《鄱陽集》《松漠紀聞》等。今錄戲謔詩 1 首。

戲用邁韻呈吳傅朋兼簡梁宏父向巨原〔1〕

憂患二毛侵〔2〕，目睫亦毿毿。〔3〕篇什棄置久，遑暇閱龍龕〔4〕。吳侯主詩盟，欲從靳如驂〔5〕。古風風格老，敘事若綺談〔6〕。宦情既淡薄，世故應飽諳。置驛復鄭莊〔7〕，好奇過岑參〔8〕。優游聊卒歲，俛仰自無慚。近取忘年友，得一乃分三。梁向競爽姿，邁也恐不堪。輒持水中蒲，擬並浦上柟。諸公不鄙夷，細流納江潭。有酒必喚飲，分題許同探。向子忽話別，寒霜萬嶺含。千里足勿憚，一行心亦甘。青冥定特達，高賢上所貪。江頭春色回，和氣已醺酣。伊鬱思陶寫，故人居巷南。

〔校注〕

〔1〕吳傅朋：吳說，字傅朋，號練塘。吳師禮子。錢塘人。高宗建炎三年（1129）為兩浙路提舉市舶公事，四年改福建路轉運判官。紹興九年（1139）知台州，歷知信州、安豐軍、盱眙軍。工書，尤善游絲書，為時人稱道。樓鑰說：「傅朋游絲字。前無古人。」所題扁額碑銘，均極佳，高宗亦極稱讚之。曾編《古今絕句》三卷，已佚。《書史會要》卷六有傳。梁宏父、向巨原：作者友人，生平均不詳。王之道有《和梁宏父二首》。

〔2〕二毛：斑白的頭髮。《左傳・僖公二十二年》：「君子不重傷，不禽二毛。」杜預注：「二毛，頭白有二色。」晉葛洪《抱朴子・遐覽》：「二毛告暮，素志衰頹。」晉潘岳《秋興賦序》：「余春秋三十有二，始見二毛」。

〔3〕毿毿（sān）：垂拂紛披貌，或散亂貌。《詩・陳風・宛丘》「值其鷺羽」三國吳陸璣疏：「白鷺，大小如鴟，青腳高尺七八寸，尾如鷹尾，喙長三寸許，頭上有毛十數枚，長尺餘，毿毿然與眾毛異。」

〔4〕遑暇：閒空；安閒。唐韋應物《雲陽館懷谷口》詩：「吏役豈遑暇，幽懷復朝昏。」龍龕：嵌佛像之石室或神櫝。唐李嶠《宣州大雲寺碑》：「豈可使車轍馬跡，獨銘於西弅之山：佛影龍龕，不紀於東林之石。」

〔5〕驂（cān）：駕三馬也。乘車之法，尊者居左，御者居中，又一人處車右，以備傾側，取三人為名義也。車中兩馬曰服，兩馬驂其外小退曰驂。

〔6〕綺談：美豔的言辭。清鈕琇《觚剩・河東君》：「有名妓徐佛者……其弟子曰楊愛，色美於徐，綺談雅什，亦復過之。」

〔7〕鄭莊：武則天時滎陽人。

〔8〕岑參（約715～770）：唐代詩人。原籍南陽（今屬河南），後遷居江陵（今屬湖北）。天寶年間進士。曾兩次出塞，往來於安西、北庭。後入朝任右補闕。官至嘉州刺史。是唐代邊塞詩派代表，與高適齊名，並稱「高岑」。

黃彥平

黃彥平（？～1139，一云1146），一名次山，字季岑，江西豐城人。庭堅族子。徽宗政和八年（1118）王昂榜進士，試國學第一，以庭堅名在禁錮，復抑置第四。歷任信陽州學教授、池州司理參軍。曾任尚書員外郎、知筠州、提點荊湖南路刑獄。罷官家居，主管亳州明道宮。後自豐城徙居撫州，肆力於學，凡九年，起知邵州。未上，以疾致仕，卒。有《三餘集》。今錄戲謔詩1首。

宿新喻縣戲為俳體〔1〕

短短長長柳，疏疏密密杉。秧深先熟稻，葉貴再眠蠶〔2〕。禦暑烏油傘，傷春白紵衫〔3〕。鄉風盡江右〔4〕，魂夢莫湘南。

〔校注〕

〔1〕新喻縣：在江西省中部，現改為新餘縣。

〔2〕再眠：指蠶第二次蛻皮時的不食不動狀態。唐張籍《江村行》：「桑林椹黑蠶再眠，婦姑採桑不向田。」

〔3〕白紵：亦作「白苧」。白色的苧麻。唐張籍《白紵歌》：「皎皎白紵白且鮮，將作春衣稱少年。」

〔4〕江右：江西。指長江下游以西的地區。《晉書·文苑傳序》：「至於吉甫、太沖，江右之才傑；曹毗、庾闡，中興之時秀。」唐王勃《梓州玄武縣福會寺碑》：「下官薄遊江右，旅寄城隅。」

李彌遜

　　李彌遜（1089～1153），字似之，號筠溪居士，又號普現居士。蘇州吳縣（今屬江蘇）人。徽宗大觀三年（1109）進士。官至起居郎，試中書舍人、戶部侍郎。著有《筠溪集》。今錄戲謔詩 21 首。

石門竹生岩下，拳曲無取，眾方笑之，蹈元乃獨諷詠嘉歎，託物興懷，有古人之風，輒用韻以廣其志〔1〕

　　農丞免官歸〔2〕，門第冷於鐵。屬國埋邊塵〔3〕，旁觀為心折。一朝百僚上〔4〕，眾目仰光潔。賢愚雜平居，高士見錯節。君看岩下竹，九曲困岩穴。風雷頭角露，歎蔽夏日烈〔5〕。男兒未蓋棺〔6〕，不用傷歇滅。感物思故人，長吟賴詩傑。

〔校注〕

〔1〕嘉歎：讚歎。晉郭璞《爾雅圖贊·釋木·柚》：「實染繁霜，葉鮮翠藍，屈生嘉歎，以為美談。」

〔2〕農丞：指大農丞，官名。西漢自景帝後元元年（前143）改治粟內史為大農令，下設兩丞，稱大農丞。佐大農令掌錢穀財貨等財政收支，秩千石。武帝時，東郭咸陽和孔僅等皆任此官，管鹽鐵。

〔3〕屬國：是兩漢為安置歸附的匈奴、羌、夷等少數族而設的行政區劃。《史記·衛將軍驃騎列傳》：「乃分徙降者邊五郡故塞外，而皆在河南，因其故俗，為屬國。」南朝宋鮑照《建除》詩：「建旗出燉煌，西討屬國羌。」

〔4〕百僚：百官。《書·皋陶謨》：「百僚師師，百工惟時。」孔傳：「僚、工，皆官也。」

〔5〕欻（xū）：形容短促迅速劃過的摩擦聲音，延伸為快速的意思。「欻如飛電來，隱若白虹起。」

〔6〕蓋棺：指身故。唐杜甫《自京赴奉先縣詠懷五百字》：「蓋棺事則已，此志常覬豁。」

六月四日飯石門風雷大作而雨不成滴戲以詩趣之

疾風卷落葉，六月秋欲變。雲生澗底松，雷走岩下電。雨華如棼絲〔1〕，熟視乃不見。借令車軸飛，來救龜兆徧〔2〕。常暘起民瘼〔3〕，吻噪不得咽。寄言行空龍，若藥須瞑眩〔4〕。

〔校注〕

〔1〕雨華：同「雨花」。棼絲：亂絲。《左傳·隱公四年》：「臣聞以德和民，不聞以亂。以亂，猶治絲而棼之也。」晉葛洪《抱朴子·審舉》：「立之朝廷，則亂劇於棼絲，引用駑庸，以為黨援，而望風向草偃。」

〔2〕龜兆：占卜時龜甲受炙灼所呈現的坼裂之紋，預兆。《左傳·昭公五年》：「龜兆告吉，曰：『克可知也。』」《尉繚子·武議》：「合龜兆，視吉凶，觀星辰風雲之變。」南朝陳徐陵《為貞陽侯與陳司空書》：「所謂前事之不忘，後事之龜兆也。」

〔3〕常暘：同「常陽」。指長期乾旱不雨。《尚書大傳》卷三：「厥罰常陽。」《漢書·五行志中之上》：「刑罰妄加，群陰不附，則陽氣勝，故其罰常陽。」

〔4〕瞑眩：本來是指頭昏目眩、眼睛睜不開的症狀，但古書往往把瞑眩和藥物反應聯繫起來：《尚書·說命篇上》：「若藥不瞑眩，厥疾弗瘳。」孔穎達疏：「瞑眩者，令人憒悶之意也。」即服藥後出現噁心、頭眩、胸悶等反應的，稱為「瞑眩」。

過魯公觀牡丹戲成小詩呈席上諸公〔1〕

昨日花間風送雨，淚眼凝愁暗無語〔2〕。今日花間天色明，向人豔冶百媚生。雨中多思晴亦好，日日看花被花惱。人間絕色比者誰，漢宮飛燕開元妃〔3〕。輕顰淺笑各有態，淡妝濃抹俱相宜〔4〕。傳聞姚魏多黃紫〔5〕，醉紅不似當筵枝。移樽洗盞苦不早，明日春光暗中老。西齊居士心已灰〔6〕，也向花前狂欲倒。

〔校注〕

〔一〕魯公：作者友人。即蔡京。

〔二〕眼，明本、四庫本作「臉」。

〔三〕漢宮飛燕：指漢成帝趙皇后。《漢書‧外戚傳下‧孝成趙皇后》：「孝成趙皇后，
　　本長安宮人……學歌舞，號曰飛燕。」南朝宋鮑照《代朗月行》：「鬢奪衛女迅，
　　體絕飛燕先。」唐李白《清平調》詞：「借問漢宮誰得似，可憐飛燕倚新妝。」
　　開元妃：指楊貴妃。

〔四〕淡妝句：化用宋蘇軾《飲湖上初晴後雨二首》其二：「水光瀲灩晴方好，山色
　　空蒙雨亦奇。欲把西湖比西子，淡妝濃抹總相宜。」此處把花比作絕色美女，
　　淡雅和濃豔兩種不同的妝飾打扮都能十分妥帖，襯托其美貌。

〔五〕此句化自「姚黃魏紫」，指牡丹花的兩個名貴品種。姚黃為千葉黃花，出於民
　　姚氏家；魏紫為千葉肉紅花，出於魏相仁溥家。參閱宋歐陽修《洛陽牡丹記‧
　　花釋名》。

〔六〕西齋居士：指作者自己。

蹈元作詩謂僕不當以蓮為嫵媚而有偶有現空相之語復次韻以傚齊物之說〔1〕

　　登天不登山，觀海不觀水〔2〕。認苗須認根，論士須論世〔3〕。君
以空說蓮，無乃涉瓜李〔4〕。我以蓮喻色，亦墮綺語戲〔5〕。二罪一狀
領，政坐各有以〔6〕。一以清淨觀，一以富豔棄。不知真色中〔7〕，即
是大空耳〔8〕。物生天地間，各以形自媚。若云皆實相〔9〕，斯理恐無
謂〔10〕。君詩如烏有〔11〕，我詩類亡是。得失付之塞上翁〔12〕，對花大
嚼金壺空。

〔校注〕

〔一〕蹈元：李彌遜有兩首詩《西山岡得步奉懷蹈元》《蹈元作詩謂僕不當以蓮為嫵
　　媚而有偶有現空相》涉及此人。空相：佛教語。假象；幻象。《思益經‧菩薩
　　無二品》：「若有所盡，不名漏盡，知諸漏空相，隨如是知，名為漏盡。」金王
　　若虛《文辨一》：「既乃破之以空相之說，而以為不必存。」齊物：春秋、戰國
　　時老莊學派的一種哲學思想。認為宇宙間一切事物，如生死壽夭，是非得失，
　　物我有無，都應當同等看待。晉劉琨《答盧諶詩一首並書》：「遠慕老莊之齊物，
　　近嘉阮生之放曠。」

〔2〕觀海：語出《孟子‧盡心上》：「故觀於海者難為水，遊於聖人之門者難為言。」後用以比喻所觀者大。南朝齊王儉《褚淵碑文》：「觀海齊量，登嶽均厚。」

〔3〕論士：評論人才。《晉書‧外戚傳‧褚爽》：「爽少有令稱，謝安甚重之，嘗曰：『若期生不佳，我不復論士矣。』」南朝梁劉勰《文心雕龍‧程器》：「《周書》論士，方之『梓材』，蓋貴器用而兼文采也。」

〔4〕瓜李：化自瓜田李下。瓜田納履，李下整冠，有被懷疑為盜瓜竊李的可能。因以比喻容易引起嫌疑的地方。晉干寶《搜神記》卷十五：「懼獲瓜田李下之譏。」《北齊書‧袁聿修傳》：「瓜田李下，古人所慎。」亦省作「瓜李」。

〔5〕綺語：佛教語。涉及閨門、愛欲等華豔辭藻及一切雜穢語。十善戒中列為四口業之一。南朝梁武帝《答〈菩提樹頌〉手敕》：「但所言國美，皆非事實，不無綺語過也。」《法苑珠林》卷八八引《成實論》：「雖是實語，以非時故，即名綺語。」

〔6〕有以：猶有因。有道理；有規律。《詩‧邶風‧旄丘》：「何其久也？必有以也。」

〔7〕真色：猶言本色。宋張先《少年遊‧井桃》詞：「銀瓶素綆，玉泉金甃，真色浸朝紅。」

〔8〕大空：佛教謂大乘徹底之空，既不執有，亦不執空。相對小乘之「偏空」而言。《入楞伽經‧集一切佛法品二》：「何者第一義聖智大空？謂自身內證聖智法空，離諸邪見薰習之過。」

〔9〕實相：佛教語。指宇宙事物的真相或本然狀態。《法華經‧方便品》：「惟佛與佛，乃能究盡諸法實相。」南朝梁慧皎《高僧傳‧義解‧支遁》：「追蹤馬鳴，躡影龍樹；義應法本，不違實相。」

〔10〕無謂：沒有意義。《史記‧秦始皇本紀》：「如此，則子議父，臣議君也，甚無謂，朕弗取焉。」

〔11〕烏有：虛幻；不存在。《北齊書‧文宣帝紀》：「譬諸木犬，猶彼泥龍，循名督實，事歸烏有。」

〔12〕塞上翁：塞翁。典出《淮南子‧人間訓》。指忘身物外，樂天知命，不以得失為懷的人。唐戴叔倫《贈韋評事攢》詩：「是非園吏夢，憂喜塞翁心。」

僕和蹈元蓮竹之什意在譽竹於蓮有投鼠之嫌明復知縣有作姑兩可之他日蹈元邀客置酒花下予不得無愧復用前韻以謝花云〔1〕

藍田官舍碧山裏〔2〕，南北紅蕖照明水〔3〕。公餘喚客坐晚涼，不獨

桃源真避世〔4〕。舉杯欲酌還自愁，退之慚花不御李〔5〕。卻持巵酒起謝花〔6〕，我亦前言聊一戲。就令嫵媚正不惡，更向鄭公觀所以。世情好惡苦不常，富貴相親貧賤棄。與花俱是天涯人〔7〕，萬事要同風過耳。花聞我語為解顏，一笑凝然作川媚。主人有酒君但傾，對花不飲竟何謂。宰官況有弄丸手〔8〕，坐解兩家歸兩是。花神莫浪疑山翁〔9〕，翁心璧月當寒空。

〔校注〕

〔1〕投鼠：即投鼠忌器。比喻欲除害而有所顧忌。語本漢賈誼《治安策》：「里諺曰：『欲投鼠而忌器。』此善諭也。鼠近於器，尚憚不投，恐傷其器，況於貴臣之近主乎！」《北齊書·文苑傳·樊遜》：「至如投鼠忌器之說，蓋是常談；文德懷遠之言，豈識權道。」

〔2〕藍田：縣名。在陝西省渭河平原南緣、秦嶺北麓、渭河支流灞河上游。秦置縣，以產美玉聞名。漢班固《西都賦》：「陸海珍藏，藍田美玉。」

〔3〕紅蕖：紅荷花。蕖，芙蕖。南朝梁簡文帝《蒙華林園戒詩》：「紅蕖間青瑣，紫露濕丹楹。」

〔4〕桃源：即桃花源。晉陶潛作《桃花源記》，謂有漁人從桃花源入一山洞，見秦時避亂者的後裔居其間，「土地平曠，屋舍儼然。有良田、美池、桑竹之屬。阡陌交通，雞犬相聞。其中往來種作，男女衣著悉如外人。黃髮垂髫，並怡然自樂。」漁人出洞歸，後再往尋找，遂迷不復得路。後遂用以指避世隱居的地方，亦指理想的境地。

〔5〕御李：東漢李膺有賢名，士大夫被他接見的，身價大大提高，被稱作登龍門。荀爽去拜訪他，並為他駕御車馬，回家後對人說：「今日乃得御李君矣！」見《後漢書·李膺傳》。後因以「御李」謂得以親近賢者。

〔6〕巵酒：猶言杯酒。《史記·項羽本紀》：「項王曰：『壯士，賜之巵酒。』」

〔7〕此句化自唐代詩人白居易《琵琶行》「同是天涯淪落人，相逢何必曾相識。」這裡以花自喻，表達自己與花「萬事要同風過耳」的經歷感受是一樣的。

〔8〕宰官：泛指官吏。《莊子·逍遙遊》「小知不及大知，小年不如大年」晉郭象注：「苟有乎大小，則雖大鵬之與斥鴳，宰官之與御風，同為累物耳。」弄丸：古代的一種技藝，兩手上下拋接好多個彈丸，不使落地。《莊子·徐无鬼》：「昔市南宜僚弄丸，而兩家之難解。」因用以喻嫻熟巧妙，輕鬆不費氣力。

〔9〕山翁：指晉山簡。唐王維《漢江臨泛》詩：「襄陽好風日，留醉與山翁。」

再和明復蹈元之什

溢江散吏來萬里〔1〕，借屋僧房冷如水。支頤一束倘會心〔2〕，容膝
數椽真傲世〔3〕。大而無用澗底松，過者不顧道傍李〔4〕。賣刀買犢愧老
農〔5〕，汲水埋盆作兒戲。畫墁求飽人共嗤〔6〕，懷璧雖珍吾不以〔7〕。宰
公政明一善收，丞公聲同眾瑕棄。著酒時澆磊塊胸〔8〕，傳歌為洗淫哇
耳〔9〕。坐中冰雪回冬朧，句裏雲煙發春媚。我慚匪報正羞縮，君肯包
荒過稱謂〔10〕。葛藤更與話短長，菽麥安能辨非是〔11〕。但聞古來說龐
公〔12〕，搬柴運水不談空。

〔校注〕

〔1〕散吏：閒散的官吏。指有官階而無職事的官員。《後漢書·胡廣傳》：「廣少孤
貧，親執家苦。長大，隨輩入郡為散吏。」

〔2〕支頤：以手托頰。

〔3〕容膝：僅能容納雙膝。多形容容身之地狹小。亦指狹小之地。《韓詩外傳》卷
九：「今如結駟列騎，所安不過容膝；食方丈於前，所甘不過一肉。以容膝之
安，一肉之味，而殉楚國之憂，其可乎？」晉陶潛《歸去來兮辭》：「倚南窗以
寄傲，審容膝之易安。」

〔4〕道傍李：同「道邊苦李」。宋范成大《次韻葛伯山瞻軍贈別韻》：「又如道傍李，
味苦不堪折。」

〔5〕賣刀買犢：同「賣劍買牛」。唐武元衡《兵行褒斜谷作》詩：「三川頓使氣象清，
賣刀買犢消憂患。」金元好問《雪後招鄰舍王贊子襄飲》詩：「賣刀買犢未厭
早，腰金騎鶴非所望。」

〔6〕畫墁：謂在新粉刷的牆壁上亂畫。比喻勞而無用。《孟子·滕文公下》：「有人
於此，毀瓦畫墁，其志將以求食也，則子食之乎？」朱熹集注：「墁，牆壁之
飾也。毀瓦畫墁，言無功而有害也。」

〔7〕懷璧：比喻多財招禍或懷才遭忌。《左傳·桓公十年》：「周諺有之：『匹夫無罪，
懷璧其罪。』」杜預注：「人利其璧，以璧為罪。」《三國志·魏志·華歆傳》：
「本無拒諸君之心，而所受遂多，念單車遠行，將以懷璧為罪，願賓客為之計。」
唐李華《詠史詩》之四：「得罪因懷璧，防身輒控弦。」

〔8〕著，四庫本作「酌」。

〔9〕淫哇：淫邪之聲（多指樂曲詩歌）。《文選·嵇康〈養生論〉》：「目惑玄黃，耳務淫哇。」李善注：「《法言》曰：『哇則鄭』；李軌曰：『哇，邪也。』」晉葛洪《抱朴子·擢才》：「嶧陽雲和，不為不禦而息唱，以競顯於淫哇。」

〔10〕包荒：包含荒穢。謂度量寬大。《易·泰》：「包荒，用馮河，不遐遺。」王弼注：「能包含荒穢，受納馮河者也。」一說包容廣大。

〔11〕辨，原作卞，據原校、四庫本改。　　菽麥：豆與麥。《詩·豳風·七月》：「黍稷重穋，禾麻菽麥。」

〔12〕龐公：指龐德公。東漢襄陽人。躬耕於襄陽峴山之南，曾拒絕劉表的禮請。後隱居鹿門山，採藥以終。唐皇甫冉《贈鄭山人》詩：「龐公採藥去，萊氏與妻行。」

守風瓜步戲成〔1〕

古語行船遇打頭〔2〕，此言端可作予羞。平生漫起江山興，勝處偶為波浪留。敗肉腐魚三日醉，斷蘆衰柳十分秋。蔣陵秀色應凋盡〔3〕，造物還能借便休。

〔校注〕

〔1〕守風：等候適合行船的風勢。三國魏邯鄲淳《笑林》：「姚彪與張溫俱至武昌，遇吳興沈珩於江渚，守風，糧用盡，遣人從彪貸鹽一百斛。」瓜步：地名。在江蘇六合東南。有瓜步山，山下有瓜步鎮。古時瓜步山南臨大江，南北朝時屢為軍事爭奪要地。步，今寫作「埠」。

〔2〕打頭：頂頭。謂風浪阻礙前進。唐李涉《卻歸巴陵途中走筆寄居知言》詩：「去年臘月來夏口，黑風白浪打頭吼。」

〔3〕蔣陵：《初學記》卷八《丹陽記》：蔣陵，因山以為名，吳大帝陵也。……蔣子文為秣陵尉，自言已將死，當為神，後為賊所殺，故吏忽見子文乘白馬，如平生，孫權發使封子文而為中都侯，立廟鍾山，因改為蔣山。

夏日遊連江石門坐林下有蟲唭膚視之僅可分有無疑蚋也以詩嘲之

麼麼何從到上方〔1〕，敢將唇吻犯堂堂〔2〕。但知射影求陰中，可笑當年不自量。鶯目苦遭蚊喙聒〔3〕，象蹄猶畏鼠牙傷。須臾性命隨翻手〔4〕，蠻觸應難望故鄉。

〔校注〕

〔1〕麼麼：甚麼。葛勝仲《西江月》（萬卷舊推鴻博）：「燕頷從來骨貴，鸞棲尚屈才多。今宵且共入無何，定遠功名麼麼。」

〔2〕堂堂：此指能固守元氣的強壯身體。

〔3〕鱟（hòu）：節肢動物，甲殼類，生活在海中，尾堅硬，形狀像寶劍。

〔4〕手，原作予，據四庫本改。

春雨久不止戲呈諸公

蕉上雨聲無盡來，龍疲應困阿香催〔1〕。竹萌出土囊錐見〔2〕，燕觜得泥風鷁回〔3〕。料峭侵衣猶帶臘〔4〕，廉纖昏晝已如梅。愁邊酒盞都無力，更著濃陰撥不開。

〔校注〕

〔1〕阿香：神話傳說中的推雷車的女神。宋蘇軾《無錫道中賦水車》詩：「天公不念老農泣，喚取阿香推雷車。」

〔2〕竹萌：筍的別稱。《爾雅·釋草》：「筍，竹萌。」邢炳疏：「凡草木初生謂之萌，筍則竹之初生者。」宋蘇軾《送筍芍藥與公擇》詩之一：「故人知我意，千里寄竹萌。」囊錐：平原君門客「毛遂自薦」的故事。見《史記》卷七十六《平原君虞卿列傳·平原君》

〔3〕觜：同「嘴」。風鷁：北周庾信《禹渡江贊》：「三江初鑿，九穀新成，風飛鷁湧，水起龍警。」古代常畫鷁像於船首，故以「風鷁」指乘風而駛的船。唐張登《上巳泛舟得遲字》：「風鷁今方退，沙鷗亦未疑。」

〔4〕臘（là）：古同「臘」。「殘臘生春序，愁霖逼歲昏。」

德甫知丞過筠莊溪亭為待月之會戲呈席上諸友〔1〕

載酒何人過子雲〔2〕，傳呼雞犬亦驚奔。門無車馬苔侵徑，坐近池臺竹覆尊。好月邀人留晚照，疾雷催雨過前村。獨醒楚子真多事〔3〕，共醉愚溪百尺渾〔4〕。

〔校注〕

〔1〕德甫：疑為趙明誠（1081～1129），字德甫，一作德父，山東諸城人。宋金石學家、藏書家。曾就讀於太學，以父蔭入仕。先後知萊州、淄，官湖州軍州事。

〔2〕子雲：即揚雄。見《漢書》卷八十七《揚雄列傳》。

〔3〕楚子：指楚人。

〔4〕愚溪：水名。在湖南省永州西南。本名冉溪。唐柳宗元謫居於此，改其名為愚
　　溪，並名其東北小泉為愚泉，意謂己之愚及於溪泉。見柳宗元《愚溪詩序》《愚
　　溪對》。

自鄱陽得請天台散吏解官就道恍然自適戲成〔1〕

　　平明解印暮投館〔2〕，公事已如風馬牛〔3〕。報政僅堪書下下〔4〕，結
廬剩欲榜休休〔5〕。無名花草香隨路，得計禽魚水滿溝。袖取向來朱墨
手，按行松竹上滄洲〔6〕。

〔校注〕

〔1〕鄱陽：地名。春秋楚番邑，秦置番縣，漢改鄱陽縣。今改波陽縣，在江西省東
　　北部。天台：天台山。詩題大致意思是向上級求請辭官而還得到了批准，即就
　　道還家。從此不為官場仕途所累，怡然自得。

〔2〕解印：即解印綬，解下印綬。謂辭免官職。《漢書·薛宣傳》：「游（謝游）得
　　檄，亦解印綬去。」宋岳珂《桯史·李敬子》：「敬子解其意。一夕，解印綬遁
　　去。」亦省作「解綬」。

〔3〕風馬牛：化自「風馬牛不相及」。《左傳·僖公四年》：「君處北海，寡人處南海，
　　唯是風馬牛不相及也。」孔穎達疏引服虔曰：「牝牡相誘謂之風……此言『風
　　馬牛』，謂馬牛風逸，牝牡相誘，蓋是末界之微事，言此事不相及，故以取喻
　　不相干也。」

〔4〕報政：陳報政績。《史記·魯周公世家》：「周公卒，子伯禽固已前受封，是為
　　魯公。魯公伯禽之初受封之魯，三年而報政周公。周公曰：『何遲也？』伯禽
　　曰：『變其俗，革其禮，喪三年然後除之，故遲。』」後遂為地方官政績卓著之
　　典。唐劉禹錫《上門下武相公啟》：「念外臺報政之功，追宣室前席之事。」　下
　　下：古代品評人、物常分九等，下下為最末等。《書·禹貢》：「厥田惟下下。」
　　孔傳：「田第九。」此句詩人說自己的政績為「下下」，應是自謙之詞。

〔5〕休休：安閒貌；安樂貌。《詩·唐風·蟋蟀》：「好樂無荒，良士休休。」《後漢
　　書·吳蓋陳臧傳贊》：「宮、俊休休，是亦鷹揚。」

〔6〕按行：按次第成行列。《文選·司馬相如〈子虛賦〉》：「將息獠者，擊靈鼓，起
　　烽燧，車按行，騎就隊。」李周翰注：「言車騎各按次第以為行隊。」滄州：

濱水的地方。古時常用以稱隱士的居處。三國魏阮籍《為鄭沖勸晉王箋》:「然後臨滄洲而謝支伯,登箕山以揖許由。」南朝齊謝朓《之宣城郡出新林浦向板橋》:「既歡懷祿情,復協滄洲趣。」

仲宗訪我筠溪出陪富文粹之遊天宮詩見索屬和次韻〔1〕

作伴仙翁覓轉春〔2〕,淨坊俱現宰官身。蘭亭夢想如三月〔3〕,蓮社追遊少一人〔4〕。雨磴勞君鳴屐齒,風軒為我掃衣塵〔5〕。應憐野老聞韶後〔6〕,旋束蔬腸學練津。

〔校注〕

〔1〕仲宗:張元幹(1091~1161),又名元倩,字仲宗,號真隱山人、蘆川居士,永福(今福建永泰)人。早歲隨父宦遊,嘗從徐俯學詩。徽宗政和間以上舍釋褐。高宗建炎中起為將作監,撫諭使,隨高宗避兵明州,因事得罪,紹興元年(1131)以右朝奉郎致仕。有《蘆川居士詞》《蘆川歸來集》等。   筠溪:竹叢中的水流。宋張元幹《青玉案》詞之四:「誰道筠溪歸計近。秋風催去,鳳池難老,長把中書印。」

〔2〕仙:四庫本作「山」。

〔3〕蘭亭:亭名。在浙江紹興西南之蘭渚山上。東晉永和九年(353)王羲之、謝安等同遊於此,羲之作《蘭亭集序》。

〔4〕蓮社:佛教淨土宗最初的結社。晉代廬山東林寺高僧慧遠,與僧俗十八賢結社念佛,因寺池有白蓮,故稱。唐戴叔倫《赴撫州對酬崔法曹夜雨滴空階》詩之二:「高會棗樹宅,清言蓮社僧。」

〔5〕風軒:有窗檻的長廊或小室。宋蘇軾《病中游祖塔院》詩:「閉門野寺松陰轉,欹枕風軒客夢長。」

〔6〕聞韶:《論語‧述而》:「子在齊聞《韶》,三月不知肉味,曰:『不圖為樂之至於斯也!』」《韶》,傳為舜時的樂名,孔子推為盡善盡美。後以「聞韶」謂聽帝王之樂或聽美好樂曲。

仲宗許過我甚久一見便有去意戲用春字韻留之

麥秋數盡稻花春,六尺茅茨百懶身〔1〕。散策崎嶇聊永日〔2〕,繫舟剝啄定幽人〔3〕。關心有念真形役,過眼無根俱客塵。肯著青鞋從我老,阿香徑遣斷歸輪〔4〕。

〔校注〕

〔1〕茅茨：用茅草蓋屋。相傳堯時宮殿是「茅茨土階」。

〔2〕崎嶇，四庫本作「騎驢」。　　散策：拄杖散步。唐杜甫《鄭典設自施州歸》
　　　詩：「北風吹瘴癘，羸老思散策。」

〔3〕剝啄：叩擊，敲打。唐高適《重陽》詩：「豈有白衣來剝啄，亦從烏帽自欹斜。」

〔4〕阿香：神話傳說中的推雷車的女神。宋蘇軾《無錫道中賦水車》詩：「天公不
　　　念老農泣，喚取阿香推雷車。」

未明出東門將入聖泉戲呈住山蒙庵老人〔1〕

　　覿面峰巒碧障天〔2〕，東方精色破昏煙〔3〕。草頭露下元無雨，衣角
風生徑欲仙。行樹排宵高展畫，孤雲掛壑薄披綿。寸田暫喜捐塵慮〔4〕，
不著蒙庵一縷禪。

〔校注〕

〔1〕聖泉：當指福建閩侯雪峰寺，又名雪峰崇聖祥寺，其間有溫泉和冷泉。蒙庵老
　　　人：僧元聰（1117〜1209）。俗姓朱，字蒙叟，號蒙庵，又賜號「佛智禪師」。
　　　長樂（今屬福建）人。19歲棄所學儒業，皈依佛教，歷參名師尊宿。為晦庵慧
　　　光嗣子。出世住隆興（今江西南昌）光孝寺，廬山雲居寺，福州雪峰寺，徑山
　　　興聖、萬壽諸寺。南宋嘉定二年（1209）十一月圓寂。有語錄行世。樓鑰有《聰
　　　老語錄序》、陸游有《跋佛智與升老書》。

〔2〕覿面：當面；迎面；見面。宋陸游《前詩感慨頗深猶吾前日之言也明日讀而悔
　　　之乃復作此然亦未能超然物外也》詩：「世人慾覓何由得，覿面相逢喚不應。」

〔3〕精色：鮮明的色澤。《楚辭·九章·橘頌》：「青黃雜糅，文章爛兮，精色內白，
　　　類可任兮。」王逸注：「精，明也；類，猶貌也。言橘實赤黃，其色精明，內
　　　懷潔白。」

〔4〕寸田：道教語。指三丹田。或心田，心。宋蘇轍《舟中風雪》詩之三：「幽人
　　　永夜歌《黃竹》，賴有丹砂暖寸田。」參見「寸田尺宅」。宋蘇軾《和飲酒》詩：
　　　「寸田無荊棘，佳處正在茲。」塵慮：猶俗念。唐劉禹錫《遊桃源一百韻》：
　　　「道芽期日就，塵虜乃冰釋。」

病後戲呈謨老禪師

霜髭病起若相侵，銷盡平生未了心。一事關身俱是夢，萬緣彈指已非今〔1〕。月林清影元無定，山路幽香不可尋。喚取湯休共清夜〔2〕，靜聽簾雨寫鳴琴。

〔校注〕

〔1〕萬緣：佛教語，指一切因緣，即一切事物的因果關係。比喻人的各種情感欲念。

〔2〕湯休：即湯惠休、湯公、湯師。《宋書》卷七十一《徐湛之傳》：「時有沙門釋惠休，善屬文，辭采綺豔，湛之與之甚厚。世祖命使還俗。本姓湯。」南朝宋鮑照《鮑氏集》卷八有《秋日示休上人》《答休上人》詩，附有湯惠休《贈鮑侍郎詩》。南朝宋詩僧惠休，與鮑照交好。後因用作詠詩僧的典故。杜甫《大雲寺贊公房四首》其一：「湯休起我病，微笑索題詩。」

近聞諸山例關堂石門老偶煮黃精以詩為寄次韻以戲之〔1〕

束縛齋魚晝掩關，長鑱斸雪草泥間〔2〕。竹爐石鼎甘香剩〔3〕，分與衰翁卻病顏。

〔校注〕

〔1〕《永樂大典》卷八五二六引《竹溪集》作林希逸詩。　　山例：舊時西南山區民間約定的懲處條例。宋周去非《嶺外代答·蠻俗·款塞》：「乾道丁亥，靜江猺犯邊……同殺盜賊，不用此款者，並依山例。』山例者，殺之也。」黃精：藥草名。多年生草本，中醫以根莖入藥。三國魏嵇康《與山巨源絕交書》：「又聞道士遺言，餌朮黃精，令人久壽，意甚信之。」

〔2〕長鑱：亦作「長攙」。古踏田農具。唐杜甫《乾元中寓居同谷縣作歌》之二：「長鑱長鑱白木柄，我生託子以為命。」明徐光啟《農政全書》卷二一：「長鑱，踏田器也。鑱比犁鑱，頗狹，製為長柄，謂之長鑱。」斸 zhú：挖。

〔3〕香，四庫本作「分」。　　竹爐：亦作「竹罏」。一種外殼為竹編、內安小缽、用以盛炭火取暖的用具。唐杜甫《觀李固請司馬弟山水圖》之一：「易簡高人意，匡床竹火爐。」石鼎：陶製的烹茶用具。北周庾信《周柱國大將軍拓拔儉神道碑》：「居常服玩，或以布被、松床；盤案之間，不過桑杯、石鼎。」

正月十五日與兄弟清坐燈下不飲取黃精荔子甘實食之童稚繞膝嬉笑喧難亦足慰岑寂戲作三絕句紀之〔1〕

其一

滿床緗帙照青燈〔2〕，碧眼相看老弟兄。不見柳枝羅酒脯，旋燒榾柮煮黃精〔3〕。

〔校注〕

〔1〕荔子：即荔枝。

〔2〕緗帙：淺黃色書套。亦泛指書籍、書卷。《宋書·順帝紀》：「詔曰：『……姬夏典載，猶傳緗帙；漢魏餘文，佈在方冊。』」南朝梁蕭統《〈文選〉序》：「詞人才子，則名溢於縹囊；飛文染翰，則卷盈乎緗帙。」

〔3〕榾柮（gǔ duò）：木柴塊，樹根疙瘩。可代炭用。前蜀貫休《深山逢老僧》詩之一：「衲衣線粗心似月，自把短鋤鋤榾柮。」宋陸游《霜夜》詩之二：「榾柮燒殘地爐冷，喔咿聲斷天窗明。」

其二

江城無地可開顏，學剪星裘閉戶看。手劈方紅調兒女〔1〕，漫將一笑當追歡〔2〕。

〔校注〕

〔1〕方紅：即方家紅。荔枝名。宋陸游《荔枝絕句》之二：「怪底酒邊光景別，方紅江綠一時來。」錢仲聯校注「洪邁《容齋隨筆》：莆田荔枝，名種不一，有宋香、陳紫、江綠、方紅。」

〔2〕追歡：亦作「追驩」。猶尋歡。唐谷神子《博異志·許漢陽》：「客中止一宵，亦有少酒，願追歡。」宋蘇軾《去歲與子野遊逍遙堂》詩：「往歲追歡地，寒窗夢不成。」

其三

龍樓曾侍赭黃衣〔1〕，內豎傳柑拜舞時〔2〕。空嗅清香愁永夜，夢魂何處覓丹墀〔3〕。

〔校注〕

〔1〕龍樓：指朝堂。唐蔣防《題杜賓客新豐里幽居》詩：「已去龍樓籍，猶分御廩儲。」赭黃（zhě）：即赭黃袍，指代天子。五代和凝《宮詞》之一：「紫燎光銷大駕歸，御樓初見赭黃衣。」

〔2〕內豎：宮內小臣。《周禮‧天官‧序官》：「內豎倍寺人之數。」鄭玄注：「豎，
未冠者之官名。」《周禮‧天官‧內豎》：「內豎掌內外之通令。」《禮記‧文王
世子》：「（文王）雞初鳴而衣服，至於寢門外，問內豎之御者曰：『今日安否何
如？』」一指宦官。《後漢書‧梁商傳》：「檢御門族，未曾以權盛干法。而性慎
弱無威斷，頗溺於內豎。」傳柑：亦作「傳甘」。北宋上元夜宮中宴近臣，貴
戚宮人以黃柑相贈，謂之「傳柑」。宋蘇軾《上元侍飲樓上》詩之三：「歸來一
點殘燈在，猶有傳柑遺細君。」自注：「侍飲樓上，則貴戚爭以黃柑遺近臣，
謂之傳柑。」拜舞：跪拜與舞蹈。古代朝拜的禮節。漢趙曄《吳越春秋‧句踐
歸國外傳》：「群臣拜舞天顏舒，我王何憂能不移。」

〔3〕丹墀：指宮殿的赤色臺階或赤色地面。漢張衡《西京賦》：「右平左城，青瑣丹
墀。」《漢書‧外戚傳下‧孝成班倢伃》：「俯視兮丹墀，思君兮履綦。」顏師
古注引孟康曰：「丹墀，赤地也。」

奉懷粹之戲成〔1〕

　　期人不至傷秋晚，覓句無工愁夜長。誰與寒窗催好夢，幾重白㲲一
盃香〔2〕。

〔校注〕

〔1〕粹之：作者友人。生平不詳。

〔2〕白㲲：棉布的一個古名詞，又作白疊。《史記‧貨殖傳》：「榻布皮革千石。」
裴駰集解引《漢書音義》：「榻布，白疊也。」司馬貞《史記索隱》引《吳錄》
曰：「有九真郡布，名曰白疊。」張守節《正義》：「白疊，木棉所織，非中國
有也。」

公曄以北山荔子見寄因念昔遊慨然懷歸戲成〔1〕

　　筠籠百里故人情〔2〕，多病文園眼倍醒〔3〕。未放茶甌三百顆，夢魂
先過小長汀〔4〕。

〔校注〕

〔1〕公曄：作者友人。生平不詳。李彌遜亦有《次韻公曄見招》《次韻公曄席上見
贈即席和之》等詩。

〔２〕筠籠：筠，竹子的青皮；竹皮。竹籃之類盛器。唐杜甫《野人送朱櫻》詩：「西
　　　蜀櫻桃也自紅，野人相贈滿筠籠。」

〔３〕文園：漢辭賦家司馬相如，曾任文園令。見《史記・司馬相如傳》。

〔４〕長汀：水邊（或水中）長形的平地。南朝宋謝靈運《白石岩下徑行田》詩：「千
　　　頃帶遠堤，萬里瀉長汀。」唐杜甫《雕賦》：「晨飛絕壑，暮起長汀。」

釋宗杲

釋宗杲（1089～1163），字曇晦，號大慧，宣州寧國（今安徽宣城）人。是宋代禪宗史上「看話禪」派的創始人，法名妙喜，賜號「大慧普覺禪師」。著有《指源集》，已佚。今錄戲謔詩 3 首。

戲作偈寄檀越〔1〕

雲門燒浴盜官柴，帶累傍人枉受災。寄語嶼頭諸施主，已成鮑老送燈臺。〔2〕

〔校注〕

〔1〕輯自《全宋詩輯補》1841 頁。《大慧普覺禪師年譜》紹興四年。

〔2〕歇後語：鮑老送燈檯——一去永不來。鮑老：古代戲劇角色名。指人或物有去無回。

張昭遠知臨川偈戲之〔1〕

小郡知州說大禪，因官置到氣衝天。常攜鑱子勘禪客，誰知不直半分錢。

〔校注〕

〔1〕輯自《全宋詩輯補》1842 頁。《大慧普覺禪師年譜》紹興十一年。

孫知縣擅改《金剛經》書，以頌代書戲答繼明長老〔1〕

既作蟲豸，又住鶴鳴，如水入水，似金博金。

夜聽水流岩下石，曉看山起面前雲。此境此時誰得意？

道得末後句，則不孤負老僧。

〔校注〕

〔1〕輯自《全宋詩輯補》1845頁。《大慧普覺禪師年譜》紹興二十八年。

傅 察

　　傅察（1089～1126）：字公晦，傅堯俞的重孫。孟州濟源（今河南濟源）人。徽宗崇寧五年（1106）十八歲登進士第。當時蔡京在相位，將妻以女，察拒不從。歷永平、淄川丞，後調任太常博士。遷兵部、吏部員外郎。徽宗宣和七年（1125）十月奉命接待金國使者，送行途中被金騎擄去，英勇不屈，含忿被殺，時年三十七。朝廷贈徽猷閣待制，諡忠肅公。有《傅忠肅公文集》。今錄戲謔詩4首。

伯時往河東戲與廉夫分韻道相思之意三首〔1〕

其一

　　日月劇跳丸〔2〕，暫別亦已久。青山繚層巔，道里阻且右。今晨登南樓，會此同志友。思公聊北望，竚立但搔首。秋風八月天，霽色明朝牖〔3〕。軒車何時來〔4〕，遲爾一杯酒。

〔校注〕

〔1〕伯時：不詳其人。疑為李公麟，字伯時。好古博學。晚年居龍眠山，號龍眠居士。擅長書畫，尤精傳寫人物，識者以為顧愷之、張僧繇之亞。見《宋史·文苑傳六·李公麟》。廉夫：不詳其人。

〔2〕跳丸：比喻日月運行。謂時間過得很快。唐韓愈《秋懷詩》之九：「憂愁費暑景，日月如跳丸。」

〔3〕霽色：晴朗的天色。唐元稹《飲致用神曲酒三十韻》：「雪映煙光薄，霜涵霽色泠。」宋王安石《和王勝之雪霽借馬入省》：「前年臘歸三見白，霽色嶺上班班留。」

〔4〕何時來，四庫本作「來何時」。

其二

朝氛霽西山，晚日明髣髴。搖憐太行上〔1〕，陟巘眩可畏〔2〕。王侯
眇小夫，中盤凌雲氣〔3〕。端如車公賢〔4〕，談笑出真味。胡為久崎嶇，
使我重歔欷。王事有程期，來歸懼其未。

〔校注〕

〔1〕上，四庫本作「山」。

〔2〕巘（yǎn）：大山上的小山。陟則在巘。

〔3〕中盤：在中流盤旋。晉陸雲《九愍·修身》：「情懷眷以疊結，舟淹流而中盤。」

〔4〕車公：《晉書·車胤傳》：「（車胤）又善於賞會，當時每有盛坐而胤不在，皆云『無車公不樂』。」本指東晉時善於聚集賓客玩賞的車胤，後亦泛指善於集會遊賞之人。唐王維《酬慕容十一》詩：「行行西陌返，駐轡問車公。」

其三

之子何磊落，本是青雲才〔1〕。委翅蓬蒿下，黧面垂鬒鬒〔2〕。卜鄰
與我遊，肝膽向人開。酒酣遺世累，謔浪絕嫌猜。西風換煩燠〔3〕，四
野無纖埃。方當共臨眺，公兮胡不來。

〔校注〕

〔1〕青雲：喻遠大的抱負和志向。《三國志·魏志·荀彧荀攸賈詡傳論》「其良平之亞歟」南朝宋裴松之注：「張子房青雲之士，誠非陳平之倫。」

〔2〕黧面：污黑的臉。鬒鬒，多鬚也。或作思。

〔3〕煩燠：悶熱。唐韋應物《寄子西》詩：「喬樹落疏陰，微風散煩燠。」

聞有遊蔡氏園看牡丹詩戲作一絕呈季長

車騎雍容駐道傍，小園尋勝見花王〔1〕。應知異日傳佳句，處處人稱
黃四娘〔2〕。

〔校注〕

〔1〕「車騎」二句：騎，古代一人一馬的合稱。花王：花中之王。指牡丹。宋歐陽修《洛陽牡丹記·花釋名》：「錢思公嘗曰：『人謂牡丹花王，今姚黃真可為王，而魏花乃后也。』」

〔2〕黃四娘：杜甫《江畔獨步尋花七絕句》其六：「黃四娘家花滿蹊，千朵萬朵壓

枝低。留連戲蝶時時舞，自在嬌鶯恰恰啼。」黃四娘，唐代四川成都人。此借
比「蔡氏」。

陳與義

陳與義（1090～1138），字去非，號簡齋，其先祖居京兆，自曾祖陳希亮遷居洛陽，故為洛陽（現屬河南）人。徽宗政和三年（1113）上舍甲科，授開德府教授，後因權相王黼牽連，貶監陳留酒稅。高宗紹興間官至參知政事。宋末元初方回總結江西派詩歌創作，標舉「一祖三宗」，即以杜甫為「一祖」，黃庭堅、陳師道及陳與義並為「三宗」。著作有《簡齋集》。今錄戲謔詩 12 首。

友人惠石兩峰巉然取杜子美玉山高並兩峰寒之句名曰小玉山〔1〕

　　舊喜看書今不看，且留雙眼向嶄顏〔2〕。從來作夢大槐國〔3〕，此去藏身小玉山。暮靄朝曦一生了〔4〕，高天厚地兩峰閒。九華詩句喧寰宇，細比真形伯仲間。〔5〕

〔校注〕

〔1〕巉然：高聳貌。宋蘇軾《峻靈王廟碑》：「有山秀峙海上，石峰巉然，若巨人冠帽。」宋陸游《入蜀記》卷三：「（小孤山）自數十里外望之，碧峰巉然孤起，上干雲霄，已非它山可擬。」杜子美：杜甫。其《九日藍田崔氏莊》有「藍水遠從千澗落，玉山高並兩峰寒」。

〔2〕嶄顏：同「巉岩」，險峻的山。

〔3〕大槐國：即大槐安國。唐李公佐《南柯太守傳》載，淳于棼家居廣陵郡，喜歡飲酒，一日，在門南古槐樹下喝醉，恍惚間被兩個使臣邀至古槐穴內，見一城樓大槐安國。其王招他為駙馬，並任命為南柯郡太守。享盡榮華富貴。不料檀蘿國進犯，他打了敗仗，因而失寵被遣送回家。一覺醒來原來是一夢。據夢境挖開古槐穴，原來是一大蟻穴。後來多比喻人生如夢，富貴無常。

〔4〕暮靄朝曦：傍晚的雲氣和早晨的陽光。

〔5〕自注：家有壺中九華石刻。 九華亦即九華山。在今安徽省青陽縣。舊稱九
子山。因有九峰如蓮花，故改為今名。唐李白《改九子山為九華山聯句》序：
「青陽縣南有九子山，山高數十丈。上有九峰如蓮花……予乃削其舊號，加以
九華之目。」宋陸游《入蜀記》卷三：「九華本名九子，李太白為易名。」主
峰天台峰，有化城寺、百歲宮、回香閣和古拜經臺等古剎名勝，與峨眉、五臺、
普陀等山合稱中國佛教四大名山。

西省酴醾架上殘雪可愛戲同王元忠席大光賦詩〔1〕

酴醾花底當年事，夜雪模糊照酒闌〔2〕。北省今朝枝上雪〔3〕，還揩
病眼作花看。

〔校注〕

〔1〕原注：元忠名寓，九江人，靖康元年任尚書右丞。 西省：中書省的別稱。
《南史‧王韶之傳》：「晉帝自孝武（司馬炎）以來，常居內殿，武官主書於中
通呈，以省官一人管詔誥，住西省，因謂之西省郎。」宋蘇軾《再次韻答完夫
穆父》：「豈知西省深嚴地，也著東坡病瘦身。」

〔2〕白樂天《雪》詩：平明山雪白模糊。酒闌：謂酒筵將盡。

〔3〕北省：指尚書省。因尚書省在宮闕之北，故稱。《北齊書‧宋游道傳》：「文襄
謂（崔）暹、游道曰：『卿一人處南臺，一人處北省，當使天下肅然。』」

夢中送僧覺而忘第三聯戲足之

兩鴻同一天，羽翼不相及。〔1〕偶然一識面，別意已超忽。〔2〕去程
秋光好，萬里無斷絕。雖無仁人言，贈子以明月。〔3〕

〔校注〕

〔1〕《左傳‧僖四年》：唯是風馬牛不相及也。

〔2〕《北史》：齊神武自太原來朝，見宋游道，曰：當聞其名，今日始識其面。李太
白《金陵留別》詩：別意與之誰短長。超忽：迅速貌。唐韋應物《元日寄諸弟
兼呈崔都水》詩：「新正加我年，故歲去超忽。」

〔3〕贈人言。張衡《四愁》詩：何以報之明月珠。

己酉中秋之夕與任才仲醉於岳陽樓上明年十一月二十日南遊過道謁姜光彥出才仲畫軸則寫是夕事也剪燭觀之恍然一笑書八句以當畫記〔1〕

　　去年中秋洞庭野〔2〕，寒瑤萬頃兼天瀉。岳陽樓上兩幅巾，月入欄干影瀟灑。世間此影誰能孤〔3〕，狂如我友人所無。一夢經年無續處，道州還見倚樓圖〔4〕。

〔1〕題中「道」字，須溪本下有「州」字。原注：光彥名仲謙，嘗任湖北漕。　　任才仲：宋代著名畫家宋迪之甥，亦是畫家。岳陽樓：湖南岳陽西門古城樓。相傳三國吳魯肅在此建閱兵臺，唐開元四年（716）中書令張說謫守巴陵（即今岳陽市）時在舊閱兵臺基礎上興建此樓。主樓三層，巍峨雄壯。登樓遠眺，八百里洞庭盡收眼底，為古今著名風景名勝。唐代著名詩人李白、杜甫、白居易、李商隱等都有詠岳陽樓詩。宋慶曆五年（1045）滕子京守巴陵時重修，范仲淹為撰《岳陽樓記》，名益著。其後迭有興廢。姜光彥：姜仲謙，字光彥，號松庵，淄州（今山東淄博）人。徽宗宣和三年（1121）知濟南府。高宗建炎二年（1128），除兩浙轉運副使，移廣南西路。遷湖北轉運使。四年，知建康府。

〔2〕洞庭：即洞庭湖。唐韓愈《岳陽樓別竇司直》詩：「洞庭九州間，厥大誰與讓？」

〔3〕影：須溪本作「境」。

〔4〕道州：指唐詩人元結晚年曾任道州刺史，在今湖南南部。

甘泉吳使君使畫史作簡齋居士像，居士見之大笑，如洞山過水睹影時也，戲書三十二字〔1〕

　　兩眉軒然〔2〕，意像無寄〔3〕。而服如此，又不離世。鑒中壁上，處處皆是。簡齋雖傳，文殊無二〔4〕。

〔校注〕

〔1〕甘泉：道州甘泉坊，吳使君居住地。

〔2〕然：聚珍本、四庫本作「昂」。

〔3〕意像：同「意象」。神態；風度。《漢書·李廣傳》：「意象慍怒。」顏注：「言色形於外。」　　意像無：聚珍本、四庫本作「厥像如」。

〔4〕文殊：佛教菩薩名。文殊師利或曼殊室利的省稱。意譯為「妙吉祥」、「妙德」等。其形頂結五髻，象徵大日如來的五智；持劍、騎青獅，象徵智慧銳利威猛。

為釋迦牟尼佛的左脅侍，與司「理」的普賢菩薩相對。中國傳其說法道場為山西省五臺山。《楞嚴經》：文殊曰：「我真文殊，無是文殊。若有是者，則二文殊。」晉殷晉安《文殊象贊》：「文殊淵睿，式昭厥聲。」

戲大光送酒〔1〕

折得嶺頭如玉梅，對花那得欠清杯。不煩白水真人力〔2〕，便有青州從事來〔3〕。

〔校注〕

〔1〕大光：席益，字大光。河南府（今河南洛陽）人。席旦之子。徽宗初，入太學，與張守為同舍生。初為王黼之客，後入蔡京之門。北宋末，累官至知河中府。建炎元年（1127），棄河中府逃遁。南渡，避敵湖湘，尋以徽猷閣待制知郢州。紹興元年（1131），遷知臨安府。助呂頤浩排擠秦檜。紹興三年，拜參知政事。依違於呂頤浩與徐俯之間，人稱「二形人」。次年，罷為資政殿學士，提舉江州太平觀。未幾，起知潭州兼湖南安撫制置大使。紹興五年，擢資政殿學士、四川安撫制置大使兼知成都府。紹興七年，以母喪去官，病死於溫州。追諡忠清。陳與義於赴京途中有詩憶席益，即本詩。

〔2〕白水真人：漢代錢幣「貨泉」的別稱。《後漢書·光武帝紀論》：「及王莽篡位，忌惡劉氏，以錢有金刀，故改為貨泉，或以貨泉文字為白水真人。」北齊顏之推《顏氏家訓·書證》：「《漢書》以貨泉為白水真人。」宋王應麟《困學紀聞》卷十九：「呂倚謝王岐公饋錢酒，用白水真人、青州從事。岐公稱之。」

〔3〕青州從事：南朝宋劉義慶《世說新語·術解》：「桓公有主簿善別酒，有酒輒令先嘗。好者謂『青州從事』，惡者謂『平原督郵』。青州有齊郡，平原有鬲縣。從事，言到臍；督郵，言在鬲『膈』上住。」意謂好酒的酒氣可直到臍部。從事、督郵，均官名。後因以「青州從事」為美酒的代稱。唐皮日休《醉中寄魯望一壺並一絕》：「醉中不得親相倚，故遣青州從事來。」宋蘇軾《真一酒》詩：「人間真一東坡老，與作青州從事名。」

九月八日戲作兩絕句示妻子〔1〕

其一

今夕知何夕，都如未病時。重陽莫草草，剩作幾篇詩。

〔校注〕

〔1〕按《年譜》：紹興八年七月，自湖州得請奉祠，復還青墩鎮僧舍，九月八日，
　　　有《示妻子絕句》。至冬病革，以十一月二十九日薨。

其二

小甕今朝熟〔1〕，無勞問酒家。重陽明日是〔2〕，何處有黃花。〔3〕

〔校注〕

〔1〕甕：指酒甕。熟：指酒已釀成。

〔2〕杜甫《九日》詩：「九日明朝是。」白樂天《九月八日》詩：「陶家明日是重陽」。

〔3〕須溪評點陳與義此詩：「語甚不長。」

墨戲二首〔1〕

蘭

鄂州遷客一花說〔2〕，仇池老仙五字銘〔3〕。併入晴窗三昧手〔4〕，不
須辛苦讀騷經〔5〕。

〔校注〕

〔1〕題本無「二首」兩字，據聚珍本補。二詩未知何年作。

〔2〕鄂州遷客：指黃庭堅。庭堅紹聖初出知宜州，改鄂州；章惇、蔡卞與其黨論之。
　　　貶涪州別駕、黔州安置。移戎州。徽宗即位，起監鄂州稅；崇寧元、二年間又
　　　久寓鄂州，故以此稱之也。《豫章文集》卷二十五《書幽芳亭》云：「蘭蕙叢生，
　　　初不殊也。至其發華，一幹一華而香有餘者，蘭；一幹五七華而香不足者，蕙。
　　　蕙雖不若蘭，其視椒樧則遠矣。」山谷此說，朱熹《楚辭辯證》嘗論之，文長
　　　不錄。

〔3〕仇池老仙：謂蘇軾。蘇軾《雙石引》云：「忽憶在潁州日，夢人請往一官府，
　　　榜曰『仇池』，覺而誦杜子美詩曰：『萬古仇池穴，潛通小有天。』」杜集舊注：
　　　「世傳仇池穴出神魚，食之者仙。」故以此稱之也。《東坡集》有《題楊次公
　　　春蘭》一首，又《題楊次公蕙》一首，皆五言，所謂「五字銘」也。按：「仇
　　　池」又為山名。在甘肅省成縣西。山有東西兩門，盤道可登，上有水池，故名。
　　　《後漢書·西南夷傳·白馬氏》：「居於河池，一名仇池，方百頃，四面斗絕。」
　　　《宋書·氐胡傳》：「仇池地方百頃，因以百頃為號，四面斗絕，高平地方二十
　　　餘里，羊腸蟠道，三十六回。」唐杜甫《秦州雜詩》之十一：「萬古仇池穴，

潛通小有天。」宋蘇軾《和桃花源》詩序：「他日工部侍郎王欽臣仲至，謂余曰：吾嘗奉使過仇池，有九十九泉，萬山環之，可以避世如桃源也。」

〔4〕三昧：佛教語。梵文音譯。又譯「三摩提」。意譯為「正定」。謂屏除雜念，心不散亂，專注一境。《大智度論》卷七：「何等為三昧？善心一處住不動，是名三昧。」晉慧遠《念佛三昧詩集序》：「夫三昧者何？專思、寂想之謂也。」宋葉適《法明寺教藏序》：「（妙真、普濟）率州士女修念佛三昧，以旌昶之績而嗣忠之業於無窮，志甚遠也。」引申為奧妙，訣竅。

〔5〕騷經：指《離騷》。南朝梁劉勰《文心雕龍‧辨騷》：「故《騷經》《九章》，朗麗以哀志。」

蕙

人間風露不到畹，只有酪奴無世塵〔1〕。何須更待秋風至，蕭艾從來不共春〔2〕。

〔校注〕

〔1〕酪奴：茶的別名。北魏楊衒之《洛陽伽藍記‧正覺寺》：「羊比齊魯大邦，魚比邾莒小國。惟茗不中，與酪作奴……彭城王重謂曰：『卿明日顧我，為卿設邾莒之食，亦有酪奴。』因此復號茗飲為酪奴。」金劉勳《不寐》詩：「酪奴作祟攪秋眠，追咎前非四十年。」

〔2〕蕭艾：艾蒿，臭草。常用來比喻品質不好的人。《楚辭‧離騷》：「何昔日之芳草兮，今直為此蕭艾也！」唐杜甫《種萵苣》詩：「中園陷蕭艾，老圃永為恥。」

某竊慕東坡以鐵拄杖為樂全生日之壽，今以大銅瓶上判府待制，庶幾因物以露區區，且作詩二首將之，亦東坡故事〔1〕

其一

要學東坡壽樂全，此瓶端合供儒先〔2〕。鐵如意畔無憂畏〔3〕，玉唾壺傍耐歲年〔4〕。項似董宣真是強〔5〕，腹如邊孝故應便〔6〕。與公剩貯為霖水，不羨宮門承露仙。

〔校注〕

〔1〕宣和二年冬，壽葛勝仲也。《外集》後文又有七言古詩一首，亦為勝仲生日作。其首二句云：「歲星欲吐芒不開，昴星避次光低徊。」則勝仲生日當在冬月。簡齋自宣和二年夏居憂寓汝，至四年夏服除為洛，其間唯二、三兩年得逢勝仲

生日，今以此二首與七古相較，則後者意猶詼肆，似相悉更久之語。故訂此二首為宣和二年冬作，而以七古一首屬之明年，似亦不為無據也。《東坡集》有《樂全先生生日以鐵拄杖為壽》七律二首，樂全，張方平別號也。東坡：蘇軾自號「東坡居士」。待制：官名。唐置。太宗即位，命京官五品以上，更宿中書、門下兩省，以備訪問。永徽中，命弘文館學士一人，日待制於武德殿西門。文明元年，詔京官五品以上清官，日一人待制於章善、明福門。先天末，又命朝集使六品以上二人，隨仗待制。永泰時，勳臣罷節制，無職事，皆待制於集賢門，凡十三人。崔祐輔為相，建議文官一品以上更直待制。其後著令，正衙待制官日二人。宋因其制。

〔２〕端合：應該。儒先：儒生。猶先儒。《史記·匈奴列傳》：「匈奴俗，見漢使非中貴人，其儒先，以為欲說，折其辯。」裴駰集解：「先，先生也。《漢書》作『儒生』也。」

〔３〕畔，原作伴，據四庫本改。　　鐵如意：鐵製的爪杖。南朝宋劉義慶《世說新語·汰侈》：「武帝，愷之甥也，每助愷。嘗以一珊瑚樹高二尺許賜愷，枝柯扶疏，世罕其比。愷以示崇；崇視訖，以鐵如意擊之，應手而碎。」

〔４〕王嘉《拾遺記》：（薛靈芸）至升車就路之時，以玉唾壺承淚，壺則紅色。

〔５〕項似董宣：化自董宣強項。「強項」指官吏剛正不阿。後漢董宣為洛陽令，將殺人後隱匿的湖陽公主家奴當街處死。公主向光武帝告狀要求治董宣的罪。光武帝命令董宣向公主叩頭謝罪。董宣堅持不賠罪，光武帝使人強迫他低頭，他兩手撐地就是不肯。見《後漢書·董宣傳》。

〔６〕腹如邊孝：《後漢書》卷八十上《文苑列傳上·邊韶》：邊韶字孝先，陳留濬儀（今河南開封）人也。以文章知名，教授數百人。韶口辯，曾晝日假臥，弟子私嘲之曰：「邊孝先，腹便便。懶讀書，但欲眠。」韶潛聞之，應時對曰：「邊為姓，孝為字。腹便便，五經笥。但欲眠，思經事。寐與周公通夢，靜與孔子同意。師而可嘲，出何典記？」嘲者大慚。韶之才捷皆此類也。晉司馬彪《續漢書》亦載。

其二

不與觀音伴柳枝〔１〕，要令奇相解公頤〔２〕。會逢白氏編書日〔３〕，猶夢陶家貯粟時〔４〕。安用作盤供歃血〔５〕，也勝為缽困催詩〔６〕。千年秀結重重綠，長映先生鬢與眉。

〔校注〕

〔1〕觀音：即觀世音，佛教菩薩名。慈悲的化身，救苦救難之神。唐避太宗李世民諱，省稱觀音。別稱觀自在或觀音大士。《南史·王玄謨傳》：「初，玄謨始將見殺，夢人告曰：『誦觀世音千遍則免。』」

〔2〕奇相：非凡的相貌。《金史·后妃傳下·睿宗貞懿皇后》：「后教之有義方，嘗密謂所親曰：『吾兒有奇相，貴不可言。』」

〔3〕《類說》卷五十二引《談苑》：「白居易作《六帖》，以陶家瓶數千，各題名目，作千層架列齋中，命諸生採集事類投瓶中，倒取抄錄成書，故所配時代無次。」

〔4〕陶家：指晉詩人陶潛。陶潛《歸去來辭》序：「余家貧，耕植不足以自給，幼稚盈室，瓶無儲粟，生生所資，未見其術。」

〔5〕歃血：古代盟會中的一種儀式。盟約宣讀後，參加者用口微吸所殺牲之血，以示誠意。一說，以指蘸血，塗於口旁。《穀梁傳·莊公二十七年》：「信其信，仁其仁，衣裳之會十有一，未嘗有歃血之盟也。」

〔6〕《南史·王僧孺傳》：「竟陵正嘗夜集學士，刻燭為詩，四韻者則刻一寸，以此為率。」蕭文琰曰：「何難之有？」乃與丘令楷、江洪等共打銅缽立韻，響滅則詩成，皆可觀覽。

蘇籀

蘇籀（1091～？），字仲滋，眉山（今屬四川）人，僑居婺州（今浙江金華），轍孫、遲子，過繼於蘇適為後。紹興三年，為大宗正丞，十九年，出為台州添差通判。官終朝請大夫。孝宗時卒，年七十餘。蘇籀出身文學世家，領受祖輩薰陶。有《雙溪集》十五卷、《欒城公遺言》一卷。今錄戲謔詩1首。

王叔明示長句，訝烏澗人不出楚則失矣，齊亦未為得也。次韻一笑〔1〕

忍對三峰閟兩山〔2〕，澹蛾三五韻幽閒。王郎賓席自水冷，君須舉珙人捨環。烏澗門階未嘗峻，瑞峰重深一百間。列屋羅帷隔風日，九回沈水紆鬢鬟〔3〕。使君素負凌霄志，臞儒何以換酡顏〔4〕。龍香小袖酬綠醑〔5〕，不管紫雲私有語〔6〕。美哉江色釀山光，青瑣勤開看煙雨〔7〕。

〔校注〕

〔1〕王叔明：《真仙通鑒》：叔明，不知何所人也。少好道，居華陽山北，與鮑元治同志修道，不知感遇何仙，修習何術，未顯其事，皆得仙去。

〔2〕兩：明抄本、粵雅堂本作「雨」。

〔3〕沈水：亦作「沉水」。晉嵇含《南方草木狀·蜜香沉香》：「此八物同出於一樹也……木心與節堅黑，沉水者為沉香，與水面平者為雞骨香。」後因以「沉水」借指沉香。唐羅隱《香》詩：「沉水良材食柏珍，博山煙暖玉樓春。」

〔4〕臞儒：清瘦的儒者。含有隱居不仕之意。語本《漢書·司馬相如傳下》：「相如以為列仙之儒居山澤間，形容甚臞，此非帝王之仙意也。」

〔5〕龍香：常綠喬木。木材淡黃褐色，細緻，有芳香，可提煉芳香劑。也稱垂柏。
　　宋梅堯臣《龍柏》詩：「花非龍香葉飛柏，獨竊二美誇芳蕤。」亦即龍涎香。
　　綠醑：綠色美酒。唐太宗《春日玄武門宴群臣》詩：「清尊浮綠醑，雅曲韻朱
　　弦。」

〔6〕紫雲：紫色雲。古以為祥瑞之兆。漢焦贛《易林‧履之漸》：「黃帝紫雲，聖且
　　神明，光見福祥，告我無殃。」唐李白《古風》之三六：「東海沉碧水，西關
　　乘紫雲。」

〔7〕青瑣：亦作「青璅」。裝飾皇宮門窗的青色連環花紋。《漢書‧元后傳》：「曲陽
　　侯根驕奢僭上，赤墀青瑣。」顏師古注：「孟康曰：『以青畫戶邊鏤中，天子之
　　制也。』……孟說是。青瑣者，刻為連環文，而青塗之也。」後華貴的宅第、
　　寺院等門窗亦用此種裝飾。南朝宋劉義慶《世說新語‧惑溺》：「韓壽美姿容，
　　賈充闢以為掾。充每聚會，賈女於青璅中看，見壽，說之。」

鄧　肅

　　鄧肅（1091～1133），字志宏，號栟櫚。南劍州沙縣（今屬福建）人。早年與李綱為忘年交。徽宗時為太學生，以《花石詩》聞名當時，又因詩涉諷刺，而被逐出太學。欽宗靖康時，以李綱薦，賜進士出身，召對，補承務郎。張邦昌僭位，奔赴南京（今河南商丘西南），擢右正言，罷歸家居。其詩長於諷諭。有《栟櫚集》。今錄戲謔詩6首。

戲題

　　我欲開樽百物無，鄰家酒熟各觴吾。扶杖出門又應供〔1〕，三生恐是賓頭盧〔2〕。

〔校注〕

〔1〕應供：接受奉養。南朝陳徐陵《長干寺眾食碑》：「於是思營眾業，願造坊廚，庶使應供之僧，皆同自然之食。」

〔2〕賓頭盧：賓頭盧羅漢的全稱是賓頭盧羅墮誓尊者（或賓度羅跋囉惰闍），是「十八羅漢」中的第一位，又是佛指定接引、輔佐未來佛彌勒的「四大聲聞」之一。

戲彥成端友〔1〕

　　一天梅雨亂繽紛，二陸超然樂事並〔2〕。師命炙牛攜越妥〔3〕，相如滌器對文君〔4〕。閉門嗟我如孫敬〔5〕，載酒誰人過子雲〔6〕。窺竇有心公肯否，要將文字雜紅裙〔7〕。

〔校注〕

〔1〕彥成：疑為譚世績，字彥成。潭州長沙（今屬湖南）人，元符三年（1100）進士，調郴州教授。又中詞學兼茂科，除秘書省正字。不喜王安石之學，置其書不觀。又不喜交結權貴，拒不巴結蔡攸、梁師成。歷任司門員外郎、少府監、中書舍人等職。徽宗禪位，改主管龍德宮。不久，進給事中兼侍讀，改禮部侍郎。張邦昌僭國，命其為同直學士院，稱疾臥不起，以憂卒。著有《師陶集》。

端友：疑李文會（1097～1158），字端友。閩南惠安人。南宋建炎二年（1128）進士，旋即列於朝官，拜殿中侍御史，歷中丞僉事，樞密院兼參知政事，謫江州，復龍圖閣學士，四川制置使。李文會出身寒門。自幼好學詩賦，才高學博，後思研經學，多有訓解。注《金剛經》，撰《三教通論》，著《中興十要》。

〔2〕二陸：指晉陸機、陸雲兄弟。《晉書・陸雲傳》：「（陸雲）少與兄機齊名，雖文章不及機，而持論過之，號曰『二陸』。」

〔3〕妾，疑當作「妾」

〔4〕此句化自卓文君《白頭吟》的典故。舊題晉葛洪《西京雜記》卷三：司馬相如將聘茂陵人女為妾。卓文君作《白頭吟》以自絕。相如乃止。

〔5〕孫敬：《太平御覽》卷三六三引《漢書》（按：班固《漢書》不載）：孫敬，字文寶，好學，晨夕不休。及至眠睡疲寢，以繩繫頭懸屋樑。後為當世大儒。

〔6〕子雲：揚雄（53～18），字子雲。蜀郡成都（今屬四川）人。少好學，博覽群書，長於辭賦。年四十餘，始遊京師，以文見召，奏《甘泉》《河東》等賦。成帝時任給事黃門郎。王莽時任大夫。校書天祿閣。有《揚侍郎集》。《漢書》卷八十七《揚雄列傳》：「雄以為賦者，將以風也，必推類而言，極麗靡之辭，閎侈鉅衍，競於使人不能加也，既乃歸之於正，然覽者已過矣。」

〔7〕紅裙：紅色裙子，指美女。南朝陳後主《日出東南隅行》：「紅裙結未解，綠綺自難徵。」

自嘲

蹤跡平生半九區〔1〕，醉倒時得蛾眉扶。連年兵火四方沸，一飽雞豚半月無。住世今非孔北海〔2〕，分司自到賓頭盧〔3〕。捲簾月色招人醉，三百青銅遶自沽〔4〕。

〔校注〕

〔1〕九區：九州。漢劉騊駼《郡太守箴》：「大漢遵周，化洽九區。」《文選・陸機

〈皇太子宴玄圃宣猷堂有令賦詩〉》：「九區克咸，宴歌以詠。」劉良注：「言九
州能和，謳歌以詠我王之德。」

〔2〕孔北海：即孔融。漢末文學家，建安七子之一。因其曾為北海相，故稱。唐高
適《奉酬睢陽李太守》詩：「朝瞻孔北海，時用杜荊州。」賓頭盧：見上。

〔6〕三百青銅：三百銅錢。宋蘇軾《清遠舟中寄耘老》詩：「今年玉粒賤如水，青
銅欲買囊已虛。」丁傳靖《宋人軼事彙編》卷十七載：（辛棄疾）歸宋，宋士
大夫非科舉不進，公笑曰：「此何有？只消青銅三百，易一部時文足矣。」已
而果擢第。孝宗曰：「此以三百青銅博吾爵者。」

戲洪丞

　　萬里歸來雲水鄉〔1〕，逢春得酒且彷徨。好賢誰似雙松吏〔2〕，使我
時終一石狂〔3〕。忽與高唐來鼠目〔4〕，卻令朱戶鎖梅妝〔5〕。先生取瑟吾
知己〔6〕，安得從今不舉觴。

〔校注〕

〔1〕雲水鄉：雲水彌漫，風景清幽的地；或山水雲物之域。多指隱者遊居之地。宋
蘇軾《遊靈隱高峰塔》詩：「霧霏岩谷暗，日出草木香。嘉我同來人，久便雲
水鄉。」金趙秉文《仿太白登覽》詩：「洗盡塵土骨，心期雲水鄉。」

〔2〕雙松吏：陸游嘉泰元年冬於山陰作《雙松》詩，題注：「父老言紹興中所植。」
據此解疑指山陰吏。

〔3〕時終，《詩集》作「終時」。　　一石狂：用淳于髡典。《史記·滑稽列傳·淳
于髡》：「（齊）威王大說，置酒後宮，召髡賜之酒。問曰：『先生能飲幾何而醉？』
對曰：『臣飲一斗亦醉，一石亦醉。』威王曰：『先生飲一斗而醉，惡能飲一石
哉！其說可得聞乎？』……」《嚼舌錄》：「酩酊歸去君應笑，輸與淳于一石狂。
（原注：知事署宴客，使其妾把盞，履舄交錯，恬不為怪）」

〔4〕高唐：戰國時楚國臺觀名。借指男女幽會之所。在雲夢澤中。傳說楚襄王遊高
唐，夢見巫山神女，幸之而去。戰國楚宋玉《高唐賦》序：「昔者楚襄王與宋
玉遊於雲夢之臺，望高唐之觀。」後用為巫山的代稱。

〔5〕梅妝：「梅花妝」的省稱。唐李商隱《對雪》詩之二：「侵夜可能爭桂魄，忍寒
應欲試梅妝。」

〔6〕取瑟：化自取瑟而歌，比喻用曲折的方式表達情意。《論語·陽貨》：「孺悲欲
見孔子，孔子辭以疾，將命者出戶，取瑟而歌，使之聞之。」

戲天啟作時文 [1]

　　君不見晉陽作垣期自固，中藏荻蒿勁箘簬 [2]。知音會遇張孟談 [3]，安趙有才終一顧 [4]。人生會遇自有時，兩股何須欲置錐 [5]。快將好景供詩酒，嗟嗟戚戚非男兒。

〔校注〕

〔1〕天啟：即鄧迪，字天啟。「是時吏部員外郎朱松（喬年）與（李）延平（朱熹《延平先生李公行狀》）為同門友，雅敬重焉。其後晦庵從延平遊。沙縣鄧迪嘗謂松曰願中（延平字）如冰壺秋月，瑩徹五瑕，非吾曹所及，松以為知言。」按：鄧迪，字天啟，崇仁人，有氣節，早負詩名，與李侗、朱松俱師事豫章先生。又陳淵《次韻鄧天啟賀茅舍新成》詩二首。亦作鄧迪（天啟）。時文：時下流行的文體。舊時對科舉應試文體的通稱。唐宋時指律賦。

〔2〕箘簬（jùn lù）：竹名，一作「箘簬」。細而長，無節，可為矢。《楚辭・嚴忌〈哀時命〉》：「箘簬雜於廳蒸兮，機蓬矢以射革。」王逸注：「箘，竹也；一作菎蕗。」《楚辭・東方朔〈七諫・謬諫〉》「菎蕗雜於廳蒸兮」漢王逸注：「一作箘簬。」洪興祖補注：「菎與箘同，箘，簬也。」

〔3〕張孟談：戰國時趙國人。趙襄子謀臣。嘗勸襄子以晉陽為都城。智伯攻晉陽三年，趙危急，奉使韓、魏，約共滅智氏而三分其地。事成，辭襄子賞而耕於野。後三年，韓、魏、齊、燕共謀趙，為襄子定計而敗其謀。

〔4〕安趙有才：蘇秦對燕文公有「安趙合縱」之計，此應指蘇秦之類的人才。

〔5〕置錐：即置錐之地。安放錐子的地方。比喻極狹小的地方。亦比喻賴以安身立命之地。《莊子・盜跖》：「堯舜有天下，子孫無置錐之地。」《荀子・非十二子》：「無置錐之地，而王公不能與之爭名。」

戲王子和

　　豪華相陵豆粥石，坐上珊瑚碎三尺。那知蕭條洙泗間 [1]，灶火不星連七日。我生不復餒文窮，醉眼從來四海空。一飽便令百憂失，三合紅陳等萬鍾 [2]。君家況有柳枝弱，客惡不容主人惡。造門果腹姑置之，杜陵寒眼憑君廓 [3]。

〔校注〕

〔1〕洙泗間：春秋時孔子講學的地方。洙水和泗水。古時二水自今山東省泗水縣北

合流而下，至曲阜北，又分為二水，洙水在北，泗水在南。春秋時屬魯國地。孔子在洙泗之間聚徒講學。《禮記・檀弓上》：「吾與女事夫子於洙泗之間。」後因以「洙泗」代稱孔子及儒家。南朝梁任昉《齊竟陵文宣王行狀》：「弘洙泗之風，闡迦維之化。」

〔2〕紅陳：化自「五斗紅陳」，即「五斗折腰」。《文選》卷五晉左太沖（思）《吳都賦》：「（麗見）海陵之倉，則紅粟流衍。」三國吳劉淵林注引《漢書》：「太倉之粟，紅腐而不可食。」按：紅陳猶紅粟，指官倉儲久變紅之粟。《宋書》卷九十三《隱逸列傳・陶潛》：親老家貧，起為州祭酒，不堪吏職，少日，自解歸。州召主簿，不就。躬耕自資，遂抱羸疾，復為鎮軍、建威參軍，謂親朋曰：「聊欲絃歌，以為三徑之資，可乎？」執事者聞之，以為彭澤令。公田悉令吏種秫稻，妻子固請種粳，乃使二頃五十畝種秫，五十畝種粳。郡遣督郵至，縣吏白應束帶見之，潛歎曰：「我不能為五斗米折腰向鄉里小人。」即日解印綬去職。賦《歸去來》。

〔3〕杜陵：地名。在今陝西省西安東南。漢宣帝築陵於東原上，因名杜陵。唐盧照鄰《長安古意》詩：「挾彈飛鷹杜陵北，探丸借客渭橋西。」

卷　八

張元幹

張元幹（1091～約1170），又名元傒，字仲宗，號蘆川居士、真隱山人。永福（今福建永泰）人。徽宗政和年間以上舍釋褐。靖康元年（1126），金兵圍汴，入李綱行營使幕府，李綱罷相，亦遭貶逐。紹興元年（1131），以將作監致仕福州。後客死他鄉。著有《蘆川居士詞》《蘆川歸來集》。今錄戲謔詩7首。

解嘲示真歇老人二首〔1〕

其一

不作市朝夢〔2〕，生憎城郭居。前身真衲子〔3〕，妄念入儒書〔4〕。丘壑無疑老，軒裳久已疏〔5〕。世人多大屋，爭笑賣吾廬。

〔校注〕

〔1〕真歇老人：即真歇和尚，時住雪峰寺。《五燈會元》卷一四《丹霞淳禪師法嗣‧長蘆清了禪師傳》載其簡歷，據知建炎以後，真歇和尚先後為明州補陀寺、台州天封寺、福州雪峰寺、明州育王寺、溫州龍翔寺、杭州徑山寺和崇先寺住持。

〔2〕市朝：指爭名逐利之所。《戰國策‧秦策一》：「臣聞爭名者於朝，爭利者於市。今三川、周室，天下之市朝也。」

〔3〕前身：佛教語。猶前生。《晉書‧羊祜傳》：「祜年五歲，時令乳母取所弄金環，乳母曰：『汝先無此物。』祜即詣鄰人李氏東垣桑樹中探得之。主人驚曰：『此吾亡兒所失物也，云何持去！』乳母具言之，李氏悲惋。時人異之，謂李氏子則祜之前身也。」

〔4〕妄念：指不切實際或不正當的念頭。宋陸游《禹跡寺南有沈氏小園四十年前嘗
題小閣壁間》詩：「年來妄念消除盡，迴向禪龕一炷香。」

〔5〕軒裳：猶車服；或指官位爵祿。晉陶潛《雜詩》之十：「驅役無停息，軒裳逝
東崖。」前蜀杜光庭《虯髯客傳》：「一妹以天人之姿，蘊不世之藝，從夫之貴，
以盛軒裳。」

其二

毀譽何時了〔1〕，雞蟲事可知〔2〕。不妨遭點檢〔3〕，好在莫相疑。高
爵非吾性〔4〕，奇勳任爾為〔5〕。道人元具眼〔6〕，批判亦慈悲。

〔校注〕

〔1〕毀譽：詆毀和讚譽。《莊子‧德充符》：「死生存亡、窮達貧富、賢與不肖、毀
譽、饑渴、寒暑，是事之變、命之行也。」

〔2〕此句化自「雞蟲之事」。比喻無關緊要之細微得失。杜甫《縛雞行》：「小奴縛
雞向市賣，雞被縛急相喧爭。家中厭雞食蟲蟻，不知雞賣還遭烹。蟲雞於人何
厚薄，吾叱奴人解其縛。雞蟲得失無了時，注目寒江倚山閣。」

〔3〕點檢：考核，查察。《宋史‧職官志三》：「紹興二年，詔於行在別置作院造器
甲，令工部長貳提點，郎官逐旬點檢。」

〔4〕高爵：高的爵位。《墨子‧尚賢中》：「夫高爵而無祿，民不信也。」唐韓愈《此
日足可惜贈張籍》詩：「高爵尚可求，無為守一鄉。」

〔5〕奇勳：謂卓越的功勳。唐李白《送張秀才從軍》詩：「當令千古後，麟閣著奇
勳。」宋陸游《離堆伏龍祠觀孫太古畫英惠王像》詩：「奇勳偉績曠世無，仁
人志士臨風慟。」

〔6〕具眼：謂有識別事物的眼力。宋陸游《冬夜對書卷有感》詩：「萬卷雖多當具
眼，一言惟恕可銘膺。」宋嚴羽《滄浪詩話‧考證》：「杜詩中『師曰』者，亦
『坡曰』之類，但其間半偽半真，尤為淆亂惑人，此深可歎。然具眼者，自默
識之耳。」

祖穎漕使希道使君以絕句相酬答聊成二章解嘲並發一笑〔1〕

其一

從渠冷蕊籬邊少，未放浮蛆甕面空〔2〕。高燭幾時催夜飲，隔簾度曲
也英雄。

〔校注〕

〔1〕祖穎：姓趙名奇，字祖穎，畫家趙弁祖文之弟，王安中之婿。周必大《文忠集》卷五〇《題趙弁雪圖》：「趙弁祖文往至臨安，諸公貴人愛之。凡秘書省及夫新作政府所畫照壁，多出其手，迄今尚存。觀此《雪圖》，風度可想。十六弟奇字祖穎，紹興中屢為監司，王初僚之婿。文采似水清，安靜有家法。蓋其祖吏部郎諱俌，東郡人，元豐末知登州，民宜其政。元祐末以河北轉運使權中山府，兩得蘇文忠公為代。故祖文、祖穎字畫，亦皆慕藺云。嘉泰壬戌三月甲子廬陵戶掾趙公括仲肅以示周某，為題卷末。」希道：其人未詳。《宋詩紀事》卷五〇有王汶，字希道者，「汝陰人，回之子，有詩集，雪溪王銍序之」。未知廬川所交之希道即此王汶否？

〔2〕浮蛆：浮在酒面上的泡沫或膏狀物。宋陶穀《清異錄·酒漿》：「舊聞李太白好飲玉浮梁，不知其果何物。余得吳婢，使釀酒，因促其功。答曰：『尚未熟，但浮梁耳。』試取一盞至，則浮蛆酒脂也。乃悟太白所飲蓋此耳。」宋蘇軾《答任師中家漢公》詩：「冰盤薦文鮪，玉斝傾浮蛆。」

其二

薰爐玉暖雲生岫〔1〕，曉鑒鸞窺翠掃空。未許尊前聽金縷〔2〕，兩公新句漫爭雄。

〔校注〕

〔1〕玉暖：暖玉生煙。李商隱《錦瑟》：「滄海月明珠有淚，藍田日暖玉生煙。」《全唐文》卷八百七《與極浦書》：「戴容州云：『詩家之景，如藍田日暖，良玉生煙，可望而不可置於眉睫之前也。』」雲生岫（雲岫）：語本晉陶潛《歸去來辭》：「雲無心以出岫。」後因用「雲岫」指雲霧繚繞的峰巒。唐中宗《石淙》詩：「霞衣霞錦千般狀，雲峰雲岫百重生。」

〔2〕金縷：曲調《金縷曲》《金縷衣》的省稱。唐羅隱《金陵思古》詩：「綺筵《金縷》無消息，一陣征帆過海門。」宋張元幹《賀新郎·送胡邦衡待制》詞：「舉大白，聽《金縷》。」

病起枕上口占三絕句奉呈公實嶠之賢伯仲一笑〔1〕

其一

天上寶囊無盡藏〔2〕，向來密賜被先王。自憐門下老賓客，燕寢飽曾聞妙香〔3〕。

〔校注〕

〔1〕公實：疑鄭公實，作者友人，與三洪之一的洪炎有交往。嶠之：疑鄭嶠之，為鄭公實之弟。

〔2〕無盡藏：佛教語。謂佛德廣大無邊，作用於萬物，無窮無盡。《大乘義章》十四：「德廣難窮，名為無盡。無盡之德苞含曰藏。」唐法藏《華嚴探玄記》卷十九：「出生業用無窮，故曰無盡藏。」另泛指事物之取用無窮者。

〔3〕燕寢：古代帝王居息的宮室。《周禮·天官·女御》：「女御掌御敍於王之燕寢。」《禮記·曲禮下》「天子有后，有夫人」唐孔穎達疏：「《周禮》王有六寢，一是正寢，餘五寢在後，通名燕寢。」唐杜甫《唐故德儀贈淑妃皇甫氏神道碑》：「蓋所以教本古訓，發皇婦道，居具燕寢之儀，動有環佩之節。」

其二

素馨茉莉及玫瑰〔1〕，清馥渾同雪裏梅。六入不分初病起〔2〕，眼前欠此共徘徊。

〔校注〕

〔1〕素馨：植物名。本名耶悉茗，佛書作「鬘華」。常綠灌木，初秋開花，花白色，香氣清洌，可供觀賞。性畏寒，原產印度，後移植於我國南方地區。以其花色白而芳香，故稱。宋吳曾《能改齋漫錄·方物》：「嶺外素馨花，本名耶悉茗花，叢脞麼麼，似不足貴。唯花潔白，南人極重之，以白而香，故易其名。」

〔2〕六入：佛教謂六根（眼、耳、鼻、舌、身、意）為內六入，六塵（色、聲、香、味、觸、法）為外六入；六根、六塵互相涉入，即眼入色，耳入聲，鼻入香，舌入味，身入觸，意入法，而生六識。《文選·王中〈頭陀寺碑文〉》：「氣茂三明，情超六入。」李善注：「《維摩經》曰：六入無積，眼耳鼻舌身心已過。」

其三

海外綠洋來萬里，齊驅黎母鷓鴣斑〔1〕。肯分種種篋中富，不用公家金博山〔2〕。

〔校注〕

〔1〕黎母：黎人之祖；黎人的老嫗。鷓鴣斑：香名。宋黃庭堅《惠江南帳中香者戲
　　答六言》之二：「螺甲割崑崙耳，香材屑鷓鴣斑。」宋范成大《桂海虞衡志·
　　志香》：「鷓鴣斑香，亦得之於海南沉水、蓬萊及絕好箋香中，槎牙輕鬆，色褐
　　黑而有白斑點點，如鷓鴣臆上毛，氣尤清婉似蓮花。」一曰茶盞名。因有鷓鴣
　　斑點的花紋，故稱。宋楊萬里《和羅巨濟〈山居〉》之三：「自煎蝦蟹眼，同瀹
　　鷓鴣斑。」

〔2〕博山：博山爐的簡稱。南朝宋鮑照《擬行路難》詩之二：「洛陽名工鑄為金博
　　山，千斲復萬鏤，上刻秦女攜手仙。」宋楊萬里《和羅巨濟山居十詠》之七：
　　「共聽茅屋雨，添炷博山雲。」

張九成

張九成（1092～1159），字子韶，自號無垢居士，謫南安後號橫浦居士。祖籍開封，徙居錢塘（今浙江杭州）。少時志向高遠，高宗紹興二年（1132）中狀元，授任鎮東軍（治所在今浙江紹興）僉判。趙鼎為相，薦為太常博士，紹興五年（1135）任著作郎、宗正少卿，紹興八年（1138）公權禮部侍郎兼侍講，兼權刑部侍郎。紹興十三年（1143）張九成因反對姦臣秦檜議和，被貶南安軍（治所在今江西大餘縣），在偏僻的貶所裏醞釀理學，著書立說，成「橫浦學派」。著有《橫浦集》20卷。今錄戲謔詩1首。

前日偕長文赴大庾飯坐中見黃菊盛開故有前作新詩既三復矣最後乃云黃菊尚未之見間有一二株白菊耳且有閒傍短籬尋嫩蕊忽驚孤蝶繞幽籬之句黃花豈得無語輒發一笑

曾向華筵折數枝，不知心正阿誰思〔1〕。卻憐弄玉吹簫伴〔2〕，忘了小橋同醉時。和淚盈盈淒曉露，含情脈脈怨東籬〔3〕。孫郎風味年來減〔4〕，且對西風罰滿卮。

〔校注〕

〔1〕阿誰：疑問代詞。猶言誰，何人。《樂府詩集·橫吹曲辭五·紫騮馬歌辭》：「十五從軍征，八十始得歸。道逢鄉里人：『家中有阿誰？』」《三國志·蜀志·龐統傳》：「先主謂曰：『向者之論，阿誰為失？』」

〔2〕弄玉：人名，相傳為春秋秦穆公女，嫁善吹簫之蕭史，日就蕭史學簫作鳳鳴，穆公為作鳳臺以居之。後夫妻乘鳳飛天仙去。事見漢劉向《列仙傳》。

〔3〕東籬：晉陶潛《飲酒》詩之五：「採菊東籬下，悠然見南山。」後因以指種菊之處；菊圃。唐楊炯《庭菊賦》：「憑南軒以長嘯，坐東籬而盈把。」

〔4〕孫郎：三國吳孫策。《三國志·吳志·孫策傳》「策為人，美姿顏，好笑語」裴松之注引晉虞溥《江表傳》：「策時年少，雖有號位，而士民皆呼為孫郎。」此指孫長文。

陳彥才

陳彥才（1090～？），字用中，平陽（今屬浙江）人。徽宗宣和辛丑進士，建炎中為青陽知縣，因不附秦檜，終黃州通判。今錄戲謔詩1首。

戲作〔1〕

賦命安能比巨公〔2〕，偶然年月與時同。只因日上爭些子〔3〕，笑向連江作醉翁〔4〕。

〔校注〕

〔1〕宋周紫芝《竹坡詩話》卷上：紹興初，有退相寓永嘉，獨陳用中彥才雖鄰不謁。及再相，有薦之者，止就部注邑連江，戲作小詩云云。蓋其所生年月時，適與時宰同，但日差異耳。

〔2〕賦命：指命運。南朝宋鮑照《代空城雀》詩：「賦命有厚薄，長歎欲如何？」
鉅公：指王公大臣。宋張世南《遊宦紀聞》卷十：「一時元老鉅公，多出其門。」
此指同年同月同時，只是日子相差幾日的秦檜。

〔3〕爭些子：差點兒；險些兒。宋劉克莊《滿江紅·傅相生日癸亥》詞：「江左惟公，爭些子，吾其衽髮。」

〔4〕連江：指福建東部的一條獨入大海的小江連江，縣名亦稱連江縣。

嚴有翼

嚴有翼，建安（今福建建甌）人。徽宗宣和六年（1124）進士。紹興間歷南劍州、泉州通判。所著《藝苑雌黃》久佚。郭紹虞《宋詩話輯佚》輯得八十四則。今錄戲謔詩 1 首。

戲題河豚〔1〕

蔞蒿短短荻芽肥〔2〕，正是河豚欲上時。甘美遠勝西子乳，吳王當日未曾知〔3〕。

〔校注〕

〔1〕又作黃庭堅外甥洪芻（駒父）作。描寫了河豚豐美時節，詩人對河豚美味的讚賞。

〔2〕蔞蒿：多年生草本植物。生水中，嫩芽葉可食。《爾雅·釋草》「購，蔏蔞」晉郭璞注：「蔏蔞，蔞蒿也。」此聯化用蘇軾《惠崇春江曉景》詩之一：「蔞蒿滿地蘆芽短，正是河豚欲上時。」荻芽：又稱「荻筍」。為禾本科植物荻的嫩芽。多年生草本。春生嫩芽如筍可食。

〔3〕吳王：特指吳王夫差。《左傳·襄公二十五年》：「吳王勇而輕，若啟之，將親門。」《國語·吳語》：「吳王夫差起師伐越。」《韓非子·喻老》：「句踐入宦於吳，身執干戈，為吳王洗馬。」

董　穎

　　董穎，生卒年不詳，字伸達，號霜傑，德興（今江西德興）人。徽宗宣和六年（1124）進士，官至學正。紹興初，與汪藻、徐俯遊。作《薄媚》西子詞大曲十首，為研究宋大曲體制之重要資料。有《霜傑集》。今據《全宋詩訂補》補錄戲謔詩 2 首。

戲書簡逸詩後
　　君詩頗似夭韶女〔1〕，淡抹濃妝總入時。翻笑岷峨老詞伯〔2〕，西湖信口比西施〔3〕。

〔校注〕
〔1〕夭韶：青春年華的少女。
〔2〕岷峨：岷山和峨眉山的並稱。老詞伯：稱譽擅長文詞的大家，猶詞宗。此指蘇軾。唐宋之問《傷王七秘書監》詩：「書乃墨場絕，文稱詞伯雄。」
〔3〕指蘇軾《飲湖上初晴後雨》詩「欲把西湖比西子，淡妝濃抹總相宜。」

戲書
　　客鬢先於蒲柳衰，秋風吹夢到茅茨〔1〕。難忘情話團欒處〔2〕，生怕權門噂沓時〔3〕。知馬問牛類相□，棄人用犬猛何為。紛紛傳舍曾非泰〔4〕，況覓檳榔欲諱饑。

〔校注〕
〔1〕茅茨：亦作「茆茨」。茅草蓋的屋頂。亦指茅屋。《墨子・三辯》：「昔者堯舜有

茅茨者，且以為禮，且以為樂。」《韓非子‧五蠹》：「堯之王天下也，茅茨不翦，采椽不斲。」

〔2〕團欒：指圓月。唐任華《雜言寄杜拾遺》詩：「積翠屬遊花匼匝，披香寓值月團欒。」

〔3〕嘈沓：議論紛紛。又有喧嘩吵鬧、攻訐詆毀、冗長拖沓之意。

〔4〕傳舍：古時供行人休息住宿的處所。《戰國策‧魏策四》：「令鼻之入秦之傳舍，舍不足以舍之。」《三國志‧魏志‧陳群傳》：「昔劉備自成都至白水，多作傳舍，興費人役。」

黃　徹

黃徹，字常明，仙遊（今屬福建）人。徽宗宣和六年（1124）進士。官至通判，後棄官歸。著《䂬溪詩話》十卷。今錄戲謔詩 4 聯。

句

江干食息呼扶老，木末攀緣訝宛童。（郊行）〔1〕

〔校注〕

〔1〕《䂬溪詩話》：《古今注》：禿鶖，一名扶老。《爾雅》：女蘿，謂之宛童。

但遣一枝居巧婦，不殊大廈賀嘉賓。（題士人居）〔1〕

〔校注〕

〔1〕《䂬溪詩話》：《爾雅注》：鷦鷯，俗呼巧婦。《炙轂子》：雀，一名嘉賓。

圓冠思得多於鯽，刻木惟宜少似彪。〔1〕

〔校注〕

〔1〕《䂬溪詩話》卷五：《北夢瑣言》載：江陵在唐世，號衣冠藪澤，人言琵琶多如飯甑，措大多如鯽魚。退之酬崔少府伊陽詩云：「下言人吏稀，惟足彪與麙。」余官辰溪時，士人皆可喜，而不多得。近城人虎雜居，戲為對云云。

行酒戲對

京市鮓先誇召伯，浙音魚或號周公。〔1〕

〔校注〕

〔1〕宋黃徹《碧溪詩話》卷八云，黃徹一日與友同飲，人索一魚，浙人名曰「周公魚」。黃徹曰：「且喜『召伯鮓』有偶對矣。」因成聯云云。召伯與周公，均周初大政治家。「伯」與「公」又為爵位。魚居然有以此二人之名名之者，天下事之奇巧可見。

李處權

　　李處權（1086？～1155），字巽伯，號崧庵惰夫。祖籍徐州豐縣，遷洛（今河南洛陽）。淑曾孫。南渡後定居溧陽。生平未獲顯仕，輾轉各地為幕僚，以詩遊士大夫間。紹興二十五年卒於荆州。著有《崧庵集》。今錄戲謔詩7首。

戲贈巽老

　　學詩如學佛，教外別有傳〔1〕。室中要自悟，心地方廓然〔2〕。悟了更須坐，壁下三十年。他時一瓣香〔3〕，未可孤老禪。

〔校注〕

〔1〕此句化自「教外別傳」：禪宗向上之作略，不施設文字，不安立言句，直傳佛祖之心印也。是即教內之真傳。達磨之悟性論曰：「直指人心，見性成佛，教外別傳，不立文字。」無門關曰：「世尊云：吾有正法眼藏，涅槃妙心，實相無相，微妙法門，不立文字，教外別傳。」教外：佛教有教內教外之二途。佛陀以言句傳授者，謂之教內之法。離言句，直以佛心印於他之心，謂之教外之法。據禪宗之說，謂諸宗中，惟禪宗為教外之法，其他諸宗皆教內之法也。說法明眼論曰：「南天祖師，分佛法為二，謂教內教外是也。即如來正法望口為教，望心名禪。」

〔2〕心地：佛教語。指心。即思想、意念、心性、心境等。佛教認為三界唯心，心如滋生萬物的大地，能隨緣生一切諸法，故稱。語本《心地觀經》卷八：「眾生之心，猶如大地，五穀五果從大地生……以是因緣，三界唯心，心名為地。」《壇經·疑問品》：「使君心地但無不善，西方去此不遙。」

〔3〕一瓣香：猶一炷香。佛教禪宗長老開堂講道，燒至第三炷香時，長老即云這一瓣香敬獻傳授道法的某某法師。後以「一瓣香」指師承或仰慕某人。宋陳師道《觀兗文忠公家六一堂圖書》詩：「向來一瓣香，敬為曾南豐。」按，曾鞏（南豐），為陳師道的老師。

次韻德基效歐陽體作雪詩禁體物之字兼送表臣才臣友直勉諸郎力學之樂仍率同賦〔1〕

其一

朝來凍坐如縮龜，不聞打窗那得知。江南地暖亦有此，驚心遠自龍沙吹〔2〕。六一居士最能賦〔3〕，東坡先生追撚髭〔4〕。腐儒得句亦起舞，硯寒沃筆浮輕澌。征塵暗天鐵馬健，衣冠南奔身世危。兄弟相望音信絕，梳頭紛紛滿面絲。裋褐袖手如懷冰，車馬不來奚所為。前年毗陵雪盈尺〔5〕，蟹螯猶記左手持〔6〕。歸來浩歌仰看屋，夜深凜凜粟滿肌。室中老婦幾興歎，膝下奈此號寒兒。今年造物頗垂顧，稅駕仁里歡此時〔7〕。殺雞為黍朝夕事〔8〕，苦節諸郎方下帷〔9〕。起看松竹有特操〔10〕，坐對溪山無俗姿。劉子唱高和彌寡，要當獨醒歆其醨〔11〕。已呼稚子來候門，更戒黃童無掃墀〔12〕。十千不向樓頭貰，一簑正憶江上披。五陵之客誇輕肥〔13〕，呼鷹逐獸廣莫馳。五侯之第事豪侈〔14〕，珊瑚照耀金屈巵〔15〕。豈如高舉縱清賞〔16〕，鉤簾一目萬景隨。亦有末至居客右，其言不讓故哂之。

〔校注〕

〔1〕宋高宗（1107～1187），即趙構，字德基。北宋時被封為廣平王、康王。北宋滅亡，趙構編造了「泥馬渡康王」逃脫追兵的故事。在南京應天府（今河南省商丘）即位。防線不斷南移，由黃河到淮河、漢水、長江。建都臨安（今浙江杭杭州），史稱「南宋」。《宋人軼事彙編》卷三引《萍槎小乘》：「光堯淒然曰：『此我故物，京師玉冊官鐫「德基」二字，建炎避敵海上，墮水。』」禁體詩：一種遵守特定禁例寫作的詩。據宋歐陽修《雪》詩自注、《六一詩話》及宋蘇軾《聚星堂雪詩敘》所記，其禁例大略為不得運用通常詩歌中常見的名狀體物字眼，如詠雪不用玉月犁梅練絮白舞等，意在難中出奇。表臣、才臣、友直：均為作者子侄。

〔２〕龍沙：即白龍堆。《後漢書・班超傳贊》：「定遠慷慨，專功西遐。坦步蔥雪，
咫尺龍沙。」李賢注：「蔥嶺、雪山，白龍堆沙漠也。」一指今河北喜峰口外
盧龍山後的大漠。《資治通鑒・後漢高祖天福十二年》：「趙延壽恨契丹主負
約，謂人曰：『我不復入龍沙矣。』」胡三省注：「盧龍山後即大漠，故謂之龍
沙。」

〔３〕六一居士：宋歐陽修的自號。宋歐陽修《六一居士傳》：「客有問曰：『六一何
謂也？』居士曰：『吾家藏書一萬卷，集錄三代以來金石遺文一千卷，有琴一
張，有棋一局，而常置酒一壺。』客曰：『是為五，一爾奈何？』居士曰：『以
吾一翁老於此五物之間，是豈不為六一乎？』」故亦以「六一」稱之。

〔４〕東坡：宋著名文學家蘇軾之號。

〔５〕毗陵：古地名。本春秋時吳季札封地延陵邑。西漢置縣，治所在今江蘇省常州
市。三國吳時，為毗陵典農校尉治所。晉太康二年始置郡，治所移丹徒。歷代
廢置無常，後世多稱今江蘇常州一帶為毗陵。宋陸游《老學庵筆記》卷十：「今
人謂貝州為甘州，吉州為廬陵，常州為毗陵。」

〔６〕蟹螯：螃蟹變形的第一對腳。狀似鉗，用以取食或自衛。《晉書・畢卓傳》：「右
手持酒杯，左手持蟹螯，拍浮酒船中，便足了一生矣。」唐韓翃《題張逸人園
林》詩：「塵尾手中毛已脫，蟹螯尊上味初香。」

〔７〕稅駕：猶解駕，停車。謂休息或歸宿。稅，通「挩」「脫」。《史記・李斯列傳》：
「物極則衰，吾未知所稅駕也。」司馬貞索隱：「稅駕，猶解駕，言休息也。
李斯言己今日富貴已極，然未知向後吉凶，正泊在何處也。」三國魏曹植《洛
神賦》：「爾乃稅駕乎蘅皋，秣駟乎芝田。」仁里：仁者居住的地方。語本《論
語・里仁》：「里仁為美。」何晏集解引鄭玄曰：「里者，民之所居，居於仁者
之里，是為美。」後泛稱風俗淳美的鄉里。漢張衡《思玄賦》：「匪仁里其焉宅
兮，匪義跡其焉追？」

〔８〕殺雞為黍：謂殷勤款待賓客。《論語・微子》：「止子路宿，殺雞為黍而食之。」

〔９〕苦節：《易・節》：「節，亨。苦節，不可貞。」孔穎達疏：「節須得中。為節過
苦，傷於刻薄。物所不堪，不可復正。故曰『苦節，不可貞』也。」意謂儉約
過甚。後以堅守節操，矢志不渝為「苦節」。《漢書・蘇武傳》：「以武苦節老
臣，令朝朔望，號稱祭酒，甚優寵之。」下幃：同「下帷」。《魏書・李謐傳》：
「遂絕跡下幃，杜門卻掃，棄產營書，手自刪削。」唐楊炯《臥讀書架賦》：
「庶思覃於下幃，豈遽留而更讀。」

〔10〕特操：獨立的操守。《莊子·齊物論》：「罔兩問景曰：『曩子行，今子止；曩子坐，今子起；何其無特操與？』」宋王安石《酬王濬賢良松泉》詩之一：「赤松復自無特操，上下隨煙何憒憒。」

〔11〕歠（chuò）：飲，喝。《說文》：「歠，飲也。」《廣韻》：「歠，大飲。」《楚辭·漁父》：「眾人皆醉，何不哺其糟而歠其醨。」

〔12〕墀（chí）：《說文》：「墀，塗地也。」《漢書》：「故願一登文石之陛，涉赤墀之塗。」《文選·張衡·西京賦》：「青瑣丹墀。」《漢典職儀》：「以丹漆地，故稱丹墀。」本義是古代殿堂上經過塗飾的地面。玉墀：宮殿前的玉石臺階。

〔13〕五陵：長陵、安陵、陽陵、茂陵、平陵的合稱。均在渭水北岸今陝西咸陽市附近。為西漢五個皇帝陵墓所在地。漢元帝以前，每立陵墓，輒遷徙四方富豪及外戚於此居住，令供奉園陵，稱為陵縣。《漢書·遊俠傳·原涉》：「郡國諸豪及長安五陵諸為氣節者，皆歸慕之。」輕肥：「輕裘肥馬」的略語。《文選·范雲〈贈張徐州稷〉詩》：「儐從皆珠玳，裘馬悉輕肥。」

〔14〕五侯：公、侯、伯、子、男五等諸侯。泛指權貴豪門。唐韓翃《寒食》詩：「日暮漢宮傳蠟燭，輕煙散入五侯家。」

〔15〕金屈巵：亦作「金曲巵」，酒器。唐孟郊《勸酒》詩：「勸君金曲巵，勿謂朱顏酡。」唐李賀《浩歌》：「箏人勸我金屈巵，神血未凝身問誰？」王琦彙解：「金屈巵，酒器也。據《東京夢華錄》云：『御筵酒盞，皆屈巵如菜碗樣而有把手。』此宋時之式，唐代式樣，當亦如此。」

〔16〕清賞：指幽雅的景致或清雅的玩物（金石、書畫等）。南朝齊謝朓《和何議曹郊遊》之一：「江隆得清賞，山際果幽尋。」

其二

枯腸服氣如壽龜〔1〕，窮冬卻掃百不知〔2〕。開門忽見雪滿地，縱橫浩蕩春正飛。入隙時欣點萬卷，仰簷不見沾吟髭。松林冥冥起薄霧，澗水活活生微漸〔3〕。清可洗心明洗目，卑且不污高不危。殘妝如見壽陽面，不食可憐姑射肌〔4〕。書生長年營口腹，頗似蜘蛛空吐絲。身將老矣厄離亂，我生之初尚無為。百篇落落或能賦，一杯炯炯須重持。峥嵘漫倚防身劍，枉負平生作男兒。回首農桑三萬里，無復貞觀開元時〔5〕。恭惟天子尚勤儉，早集書囊為殿帷。一朝隨仗過沙漠，落日風塵龍鳳姿。此時燕山士如虎，寒多況乃秫酒醨〔6〕。肉食豈堪茹毛苦〔7〕，應念靴鳴集赤墀〔8〕。塵沙錯落赭黃暗〔9〕，貂狐獨向寒風披〔10〕。關山

寂寞草樹死，指點射獵方奔馳。心益不忘嘗膽事，望雲遙祝萬壽卮。
向來竊取名器者，扈聖曾無一夫隨〔11〕。忠臣義士憤切骨，皇天后土倘
鑒之。

〔校注〕

〔1〕枯腸：饑渴之腸，枵腹。唐鄭嵎《津陽門詩》：「開壚引滿相獻酬，枯腸渴肺忘
　　朝饑。」宋蘇軾《汲江煎茶》詩：「枯腸未易禁三碗，坐數荒村長短更。」服
　　氣：吐納。道家養生延年之術。《晉書·隱逸傳·張忠》：「恬靜寡欲，清虛服
　　氣，餐芝餌石，修導養之法。」唐白居易《贈王山人》詩：「玉芝觀裏王居士，
　　服氣餐霞善養身。」

〔2〕百不知：唐穆宗時京城婦女首飾的別稱。宋王讜《唐語林·補遺二》：「長慶中，
　　京城婦人首飾，有以金碧珠翠，笄櫛步搖，無不具美，謂之『百不知』。

〔3〕微澌：細小的流水唐曹松《信州聞通寺題僧砌下泉》詩：「耗痕延黑蘚，淨磷
　　吐微澌。」

〔4〕姑射：山名。在山西省臨汾縣西，即古石孔山，九孔相通。《山海經·東山
　　經》：「盧其之山……又南三百八十里，曰姑射之山，無草木，多水。」郝懿
　　行箋疏：「《莊子·逍遙遊》篇云：『藐姑射之山，汾水之陽』；《隋書·地理
　　志》云，『臨汾有姑射山』。山在今山西平陽府西。」按，《山海經·東山經》
　　下文尚有北姑射山、南姑射山，所指已不可考；又《海內北經》有列姑射，
　　當為傳說中另一山名。《莊子·逍遙遊》：「藐姑射之山，有神人居焉，肌膚
　　若冰雪，淖約若處子。」後詩文中以「姑射」為神仙或美人代稱。五代王周
　　《大石嶺驛梅花》詩：「仙中姑射接瑤姬，成陣清香擁路岐。」宋蘇軾《楊
　　康功有石狀如醉道士為賦此詩》：「海邊逢姑射，一笑微俯首。」

〔5〕貞觀：即貞觀之治。唐太宗即位之後，以亡隋為鑒戒，偃武修文，勵精圖治，
　　選賢任能，虛心納諫，貞觀年間，人口增加，經濟繁榮，史稱「貞觀之治」。
　　唐皮日休《文中子碑》：「惜乎德與命乖，不及睹吾唐受命而歿。苟唐德而用之，
　　『貞觀之治』不在於房、杜、褚、魏矣。」開元：及開元之治，是指唐朝在唐
　　玄宗治理下出現的盛世。因當時年號為「開元」，史稱「開元盛世」。

〔6〕秫酒：用秫釀成的酒。宋蘇軾《超然臺記》：「擷園蔬，取池魚，釀秫酒，瀹脫
　　粟而食之，曰：『樂哉遊乎。』」

〔7〕茹毛：太古時人們連毛帶血捕食禽獸。

〔8〕赤墀：皇宮中的臺階，因以赤色丹漆塗飾，故稱。《漢書·梅福傳》：「故願壹登文石之陛，涉赤墀之塗，當戶牖之法坐，盡平生之愚慮。」顏師古注引應劭曰：「以丹淹泥塗殿上也。」

〔9〕赭黃：土黃色。古代皇帝袍服以此色染之。指赭黃袍。《北史·綦母懷文傳》：「懷文曰：『赤，火色；黑，水色。水能滅火，不宜以赤對黑。土勝水，宜改為黃。』神武遂改為赭黃。」

〔10〕貂狐：宋人集本作「蒙茸」。

〔11〕扈聖：跟隨皇帝出行。唐杜甫《夔府書懷四十韻》：「扈聖崆峒日，端居灩澦時。」《宋史·樂志十六》：「《十二時》：庭有燎，疊鼓鳴鼉，更問夜如何？……扈聖萬肩摩。飭躬三宿，泰時縟儀多。」

文度以大笏見遺奇偉特甚非鄙人所稱擬柏梁體廿句以謝然他日出處斷不負此笏老狂不衰聊供一笑云〔1〕

南越巨象何壯哉〔2〕，齒牙脫落歲幾枚。削木混真易以埋，玩視常恐生怒猜。良工到手能剪裁，成此大笏莫與偕。遠隨舶賈凌濤雷〔3〕，論賈奚啻百瓊瑰〔4〕。異貺忽自王孫來，珍藏十襲敢遽開。瑩如截玉無纖埃，照人冰彩滿袖懷。惟君許我王佐才〔5〕，我亦自負剛不摧。他年致主登中臺〔6〕，垂紳笏弁直斗魁〔7〕。正色凜凜天可回，帝傍姦佞須擊排。恢復洪業平泰階〔8〕，寫之丹青上雲臺〔9〕。

〔校注〕

〔1〕笏：古代大臣上朝拿著的手板，用玉、象牙或竹片製成，上面可以記事，以防止遺忘。　柏梁體：七言古詩的一種。相傳漢武帝在柏梁臺上和群臣共賦七言詩，人各一句，每句用韻，後人謂此體為柏梁體。

〔2〕南越：亦作「南粵」。古地名，今廣東廣西一帶。《莊子·山木》：「南越有邑焉，名為建德之國。」《通典·州郡·古南越》：「自嶺而南，當唐虞三代，為蠻夷之國，是百越之地，亦謂之南越。古謂之雕題，非《禹貢》九州之域，又非《周禮》職方之限。」

〔3〕舶賈：國外來的商人。《新唐書·淮陽王漢傳》：「敬宗侈宮室，舶賈獻沉香亭材。」

〔4〕奚啻：亦作「奚翅」。何止；豈但。《孟子·告子下》：「取食之重者與禮之輕者

而比之，奚翅食重？」《呂氏春秋·當務》：「跖之徒問於跖曰：『盜有道乎？』跖曰：『奚啻其有道也。』」

〔５〕王佐才：輔佐帝王創業治國的才能。《後漢書·王允傳》：「郭林宗嘗見允而奇之，曰：『王生一日千里，王佐才也。』」三國魏曹植《薤露行》：「懷此王佐才，慷慨獨不群。」

〔６〕中臺：漢因秦制，以尚書為中臺，御史為憲臺，謁者為外臺，合稱三臺。《後漢書·袁紹傳》：「坐召三臺，專制朝政。」李賢注引《晉書》：「漢官，尚書為中臺，御史為憲臺，謁者為外臺，是謂三臺。」

〔７〕垂紳：大帶下垂。《禮記·玉藻》：「凡侍於君，紳垂。」孔穎達疏：「紳，大帶也。身直則帶倚，盤折則帶垂。」言臣下侍君必恭。後借指在朝為臣。宋歐陽修《相州晝錦堂記》：「垂紳正笏，不動聲氣，而措天下於泰山之安。」峨弁：武官戴的高冠。

〔８〕洪業：大業。古時多指帝王之業。漢武帝《賢良詔》：「猗歟偉歟！何行而可以章先帝之洪業休德，上參堯舜，下配三王！」《新唐書·劉蕡傳》：「伏惟陛下深軫亡漢之憂，以杜其漸，則祖宗之洪業可紹，三五之遐軌可追矣。」泰階：古星座名。即三臺。上臺、中臺、下臺共六星，兩兩並排而斜上，如階梯，故名。《漢書·東方朔傳》：「願陳《泰階六符》以觀天變。」顏師古注：「孟康曰：『泰階，三臺也。每臺二星，凡六星。符六星之符驗也。』應劭曰：『《黃帝泰階六符經》曰：泰階者，天之三階也……三階平則陰陽和，風雨時，社稷神祇咸獲其宜，天下大安，是為太平。』」

〔９〕雲臺：高聳入雲的臺閣。《淮南子·俶真訓》：「雲臺之高，墮者折脊碎腦，而蚊虻適足以翱翔。」晉郭璞《客傲》：「夫欣黎黃之音者，不鞏螻蛄之吟；豁雲臺之觀者，必閔帶索之歡。」

戲簡秦處度〔１〕

淮海秦夫子〔２〕，相逢又十年。好詩無漫與〔３〕，愛酒不虛傳。夜寺雲連榻〔４〕，秋江月滿船。不知嵇叔夜〔５〕，何得絕交篇〔６〕。

〔校注〕

〔１〕秦處度：秦湛，字處度，觀子。山谷嘗稱其詞。

〔２〕淮海：指以徐州為中心的淮河以北及海州（今連雲港西南）一帶的地區。

〔3〕漫與：猶言隨便對付。唐杜甫《江上值水如海勢聊短述》：「老去詩篇渾漫與，春來花鳥莫深愁。」

〔4〕連榻：並榻。多形容關係密切。《晉書·外戚傳·羊琇》：「初，杜預拜鎮南將軍，朝士畢賀，皆連榻而坐。」

〔5〕嵇叔夜：嵇康，字叔夜。見《晉書》卷四十九《嵇康傳》。

〔6〕絕交篇：指嵇康《與山巨源絕交書》。

偶書譏武團練〔1〕

　　干祿謀何拙〔2〕，求人計又疏。祝鮀焉用佞〔3〕，寧武豈真愚〔4〕。自乏千箱積〔5〕，誰令萬卷餘。艾肥蘭蕙瘦〔6〕，飢饉竟何如。

〔校注〕

〔1〕團練：宋代於正規軍之外就地選取丁壯，加以訓練的地主武裝組織，稱團練。其頭目亦稱團練。《續資治通鑒·宋高宗建炎元年》：「諸軍團練，以五人為伍，伍有長；五伍為甲，甲有正；四甲為隊，五隊為部，皆有二將；五部為軍，有正副統帥。」

〔2〕干祿：求祿位；求仕進。《論語·為政》：「子張學干祿。」漢王充《論衡·自紀》：「不鬻智以干祿，不辭爵以吊名。」諷刺了團練頭領拙劣的追求仕途的方式。

〔3〕此句化自「祝鮀之佞」。《論語·雍也》：「不有祝鮀之佞，而有宋朝之美，難乎免於今之世矣。」祝鮀，春秋衛人，能言善辯，或謂其善以巧言媚人，後因以為佞人的典型。《晉書·王沉傳》：「達幽隱之賢，去祝鮀之佞。」

〔4〕寧武：即甯武子，亦稱「甯子」「甯生」「甯武」。春秋衛大夫甯俞，諡武子。《論語·公冶長》：「子曰：『甯武子，邦有道，則知；邦無道，則愚。』」邢炳疏：「若遇邦國有道，則顯其知謀；若遇無道，則韜藏其知而佯愚。」後以甯武子為國家有道則進用其智慧、無道則佯愚以全身的政治家的典型。

〔5〕千箱：形容豐年儲糧之多。唐太宗《秋暮言志》詩：「已獲千箱慶，何以繼薰風。」唐歐陽詹《送王式東遊序》：「何述萬乘之都，千箱之年，有故人而適遠，無卮酒以敘別，男兒卮酒之不致，亦何論他日之浮沉哉！」

〔6〕蘭蕙：蘭和蕙。皆香草。多連用以喻賢者。《漢書·揚雄傳上》：「排玉戶而颺金鋪兮，發蘭蕙與穹窮。」漢趙壹《疾邪》詩之二：「被褐懷金玉，蘭蕙化為芻。」

戲辨老〔1〕

　　不獨京塵解化衣〔2〕，秋陽流火樹陰稀〔3〕。折腰為米初何有，親見淵明負弩歸〔4〕。

〔校注〕

〔1〕辨老：蘇軾有書信《與南華辨老》，不知是否為同一人？

〔2〕京塵：即京洛塵，亦作「京雒塵」。晉陸機《為顧彥先贈婦》之一：「京洛多風塵，素衣化為緇。」後以「京洛塵」比喻功名利祿等塵俗之事。唐司空圖《下方》詩：「三十年來往，中間京洛塵。」亦省作「京塵」。化衣：謂衣著變色。形容仕途奔波之苦。唐李嶠《田假限疾不獲還莊載想田園兼思親友》詩：「遊宦勞牽網，風塵久化衣。」

〔3〕流火：《詩·豳風·七月》：「七月流火，九月授衣。」孔穎達疏：「於七月之中，有西流者，是火之星也，知是將寒之漸。」火指大火星（即心宿）。夏曆五月的黃昏，火星在中天，七月的黃昏，星的位置由中天逐漸西降。後多借指農曆七月暑漸退而秋將至之時。

〔4〕負弩：謂背負弓箭，開路先行。古代迎接貴賓之禮。語出《史記·司馬相如列傳》：「乃拜相如為中郎將，建節往使……至蜀，蜀太守以下郊迎，縣令負弩矢先驅。」南朝陳徐陵《與王僧辯書》：「郡將州司，郊迎負弩。」此句化自「不為五斗米折腰」，比喻為人清高，有骨氣。語出《晉書·陶潛傳》：「吾不能為五斗米折腰，拳拳事鄉里小人邪！」

劉　著

　　劉著，字鵬南，晚號玉照老人。皖城（今安徽潛山）人。北宋政和、宣和間（1111～1125）進士。入金歷任州縣。年六十餘，始入翰林，充修撰，終於忻州刺史。《金史》無傳。今錄戲謔詩 2 首。

伯堅惠新茶綠橘香味郁然便如一到江湖之上戲作小詩二首〔1〕

其一

　　建溪玉餅號無雙〔2〕，雙井為奴日鑄降〔3〕。忽聽松風翻蟹眼〔4〕，卻疑春雪落寒江。

〔校注〕

〔1〕伯堅：蔡松年（1107～1159），字伯堅，自號蕭閒老人，真定（今河北正定）人，金代文學家，官至右丞相，封衛國公，卒諡文簡。作品風格雋爽清麗，詞尤有盛名。

〔2〕建溪：水名，在福建，為閩江北源。其地產名茶，號建茶。因亦借指建茶。唐許渾《放猿》詩：「山淺憶巫峽，水寒思建溪。」宋梅堯臣《得太簡蒙頂茶》詩：「陸羽舊《茶經》，一意重『蒙頂』，比來唯『建溪』，團片敵湯餅。」玉餅：指茶餅。又稱餅茶、團茶。北宋初「丁晉公為福建轉運使始製鳳團」，後又作龍團。歐陽修《歸田錄》：「茶之品，莫貴於龍鳳，謂之團茶，凡八餅重一斤。」龍團鳳餅作為宮廷貢茶，一直沿用至明朝。

〔3〕雙井：即雙井茶。產於江西修水。此茶形如鳳爪，湯色碧綠，滋味醇和。昔日黃山谷曾以此茶為貢品。詩人歐陽修寫過《雙井茶詩》。日鑄：山名。在浙江

省紹興縣。以產茶著稱,所產之茶即以「日鑄」為名。宋蘇轍《宋城宰韓秉文惠日鑄茶》詩:「君家日鑄山前住,冬後茶芽麥粒粗。」

〔4〕松風:松林之風。此形容沖泡茶之聲。蟹眼:螃蟹的眼睛。比喻水初沸時泛起的小氣泡。宋龐元英《談藪》:「俗以湯之未滾者為盲湯,初滾者曰蟹眼,漸大者曰魚眼,其未滾者無眼,所語盲也。」本句寫茶在沖泡時出現的現象給作者的感想。

其二

黃苞猶帶洞庭霜〔1〕,翠袖傳看綠葉香。何待封題三百顆〔2〕,只今詩思滿江鄉。

〔校注〕

〔1〕黃苞:橘的外皮。《文選·潘岳〈笙賦〉》:「披黃苞以授甘。」張銑注:「甘,橘也……甘皮黃,故云披黃苞,言剝之也。」唐韓翃《家兄自山南罷歸獻詩敘事》:「黃苞柑正熟,紅縷鱠仍鮮。」此指指成熟的橘子。

〔2〕封題:物品封裝妥善後,在封口處題簽。晉干寶《搜神記》卷十七:「誕曰:『吾膏久致梁上,人安得盜之?』給使曰:『不然。府君視之。』誕殊不信,試為視之,封題如故。」

張　嵲

　　張嵲（1096～1148），字巨山，襄陽人。徽宗宣和三年（1121）上舍中第。
紹興五年（1135年），召對，請選良將扼守荊襄、川蜀，除秘書省正字，遷著
作郎，再論荊襄川蜀繫國安危，十年，為中書舍人，擢實錄院同修撰，後為万
俟卨劾罷。能詩文。著有《紫微集》。今錄戲謔詩6首。

戲呈覺老〔1〕

　　投曉過書齋〔2〕，風門自閉開。雲容疑水墨，雪意吝瓊瑰〔3〕。筆冷
吟呵凍，爐寒坐畫灰。何如氈帳下〔4〕，低唱兩三杯。

〔校注〕

〔1〕覺老：張商英（1043～1121），字天覺，號無盡居士，蜀州新津（今屬四川成
　　都市）人。始為王安石、章惇新黨所薦，元祐時轉而親近舊黨，至哲宗親政，
　　又極力攻擊元祐大臣。崇寧初，依附蔡京。起為尚書右丞轉左丞。復與京議政
　　不合，罷知亳州。崇寧末，蔡京罷相，商英削籍知鄂州。大觀末，蔡京再罷相，
　　起知杭州。除中書侍郎，遂拜尚書右僕射。

〔2〕投曉：臨曉。宋秦觀《德清道中還寄子瞻》詩：「投曉理竿枻，溪行耳目醒。」

〔3〕瓊瑰：次於玉的美石。《詩・秦風・渭陽》：「何以贈之，瓊瑰玉佩。」毛傳：
　　「瓊瑰，石而次玉。」泛指珠玉。

〔4〕氈帳：氈製帷幔。唐白居易《別氈帳火爐》詩：「年老不禁寒，夜長安可徹；
　　賴有青氈帳，風前自張設。」

周參謀以詩催再遊末章戲賦二首

其一

九十日春晴幾日，得堪行處便須行。官因局冷常多暇，眼到花開亦暫明。當信光陰如過隙，莫教風雨暗長檠〔1〕。乘陽不礙遊人路，定看花驄正勒鳴〔2〕。

〔校注〕

〔1〕檠：燈架，燭臺。

〔2〕花驄：五花馬。《後漢書·桓榮傳》載：東漢人桓典曾任侍御史，不畏權貴。因常乘驄馬，時人有「避驄馬之御史」之語。「驄馬」也即五花馬。故後以「花驄」喻贊御史。

其二

競說楊枝傾上國，樂天題品付歌行〔1〕。但同學語雛鶯小，未見回眸剪水明。席舍主人能顧曲〔2〕，曉來妝燭想銷檠〔3〕。海棠何必尋龍井，願聽周詩賦鹿鳴〔4〕。

〔校注〕

〔1〕樂天：白居易。

〔2〕顧曲：《三國志·吳志·周瑜傳》：「瑜少精意於音樂，雖三爵之後，其有闕誤，瑜必知之，知之必顧，故時人謠曰：『曲有誤，周郎顧。』」後遂以「顧曲」為欣賞音樂、戲曲之典。

〔3〕妝燭想銷檠：《城南聯句》：「窗綃疑閟豔（韓愈），妝燭已銷檠（孟郊）。」

〔4〕周詩：指《詩經》。因其為周代詩歌，故稱。晉孫綽《遊天台山賦》：「應配天於唐典，齊峻極於周詩。」

戲書寄夏致宏〔1〕

蕭何轉漕關中日〔2〕，綺季逍遙商嶺時〔3〕。世亂或為舟楫用，時平自可帝王師。試問升車驅駟馬，如何踞石茹三芝〔4〕。荒山歲暮雲煙冷，西望長吟獨爾思。

〔校注〕

〔1〕夏致宏：名珙，九江人。夏竦之後。宣和六年，嘗自房陵丞攝竹山令，此際則當在京西漕屬，避地入山，得與簡齋酬和也。胡注云「致宏名廣」，誤。

〔2〕司馬遷《史記‧蕭相國世家》：「夫漢與楚相守滎陽數年，軍無見糧，蕭何轉漕關中，給食不乏。」轉漕：轉運糧餉。古時陸運稱「轉」，水運稱「漕」。

〔3〕綺季：即綺里季，漢初隱士。「商山四皓」之一。

〔4〕三芝：芝為菌類植物，古人以為食之可長生，故多視為瑞草。

寒食日兒輩遊尼庵戲作

雜英滿樹春欲過，修竹參雲萬餘個。頭陀雲頂出迎賓〔1〕，恐是當時劉鐵磨〔2〕。

〔校注〕

〔1〕頭陀：謂和尚。

〔2〕劉鐵磨：盛唐時期的尼姑，與禪宗大師溈山靈祐有交往。《碧巖錄》第二十四則「劉鐵磨台山」云：劉鐵磨到溈山，山云：「老牸牛，汝來也。」磨云：「來日台山大會齋，和尚還去麼？」溈山放身臥，磨便出去。

臨桂令以薦當趨朝，置酒召客。戲作二十八字，遣六從事蒞之，壽其太夫人〔1〕

雙鳧舊作朝天計〔2〕，一鶚新收薦士書〔3〕。不惜持杯相暖熱，白頭慈母最憐渠。

〔校注〕

〔1〕臨桂：即今桂林。此詩又見宋張孝祥《于湖居士文集》。「蒞」作「佐」。

〔2〕雙鳧：兩隻水鳥；兩隻野鴨。

〔3〕一鶚：《漢書》卷五一《鄒陽傳》：「吳王以太子事怨望，稱疾不朝，陰有邪謀，（鄒）陽奏書諫……其詞曰：『……臣聞鷙鳥累百，不如一鶚。夫全趙之時，武力鼎士袨服叢臺之下者，一旦成市，而不能止幽王之湛患。』唐顏師古注：「孟康曰：『鶚，大雕也。』如淳曰：『鷙鳥比諸侯，鶚比天子。』師古曰：『鷙擊之鳥，鷹鸇之屬也。鶚自大鳥而鷙者耳，非雕也。』」鶚為雕類猛禽。漢時人鄒陽上書吳王濞，有「鷙鳥累百，不如一鶚」語。東漢孔融薦舉禰衡引鄒陽語，以「一鶚」喻指才士禰衡。後因用「一鶚」比喻出類拔萃的人才，常用作稱譽之詞。

趙德載

趙德載，高宗紹興六年（1136）知渠州。今錄戲謔詩 1 首。

紹興丙辰冬十有二月戊申趙德載赴官宕渠入境小雨肩輿中戲作一絕書白鶴寺壁 [1]

三年冷眼笑吹竽，世態炎涼我自如。卻怪天公亦人事，入邦便有雨隨車。

〔校注〕

〔1〕紹興丙辰：即公元 1136 年。宕渠：古縣名。西漢置。治所在今四川渠縣東北。南朝宋廢。東漢末以後，屢為宕渠郡治所。白鶴寺：唐建，在今四川丹棱縣。北宋蘇軾有《白鶴寺記》。

釋慧空

釋慧空（1096～1158），號東山，俗姓陳，福州（今屬福建）人。紹興二十三年（1153）住福州雪峰禪院，為南嶽下十四世渤潭清禪師法嗣。有《雪峰和尚外集》不分卷，釋覺性為之作《雪峰和尚外集序》，釋惠然作《刊雪峰和尚外集序》。今錄戲謔詩 12 首。

慧知微以布衫送壽昌可師有偈答之戲成四首〔1〕

其一

一物全無盡力擔，相逢江北又江南。向來貼肉那堪語，更著渠儂一布衫〔2〕。

其二

著時人顯衫還隱，不著人亡衫卻存。隱顯存亡是何物，黃金鑄出鐵崑崙〔3〕。

其三

寸絲不掛魚游網，萬善嚴身月入雲。若是壽昌端的處，明年一領更煩君。

其四

普賢高繫象王袴〔4〕，妙德長拖師子衫〔5〕。遣向壽昌為侍者，一人不肯一人甘。

〔校注〕

〔1〕壽昌：舊縣名。晉太康元年（公元 280 年）改新昌縣置。治所在今浙江建德縣西南。

〔2〕渠儂：方言。他，她。宋楊萬里《過瘦牛嶺》詩：「夜來尚有餘樽在，急喚渠儂破客愁。」

〔3〕鐵崑崙：佛家語。《前灌溪志閒禪師法嗣・池州魯祖山教和尚》：僧問：「如何是目前事？」師曰：「絲竹未將為樂器，架上葫蘆猶未收。」問：「如何是雙林樹？」師曰：「有相身中無相身。」曰：「如何是有相身中無相身？」師曰：「金香山下鐵崑崙。」問：「如何是高峰孤宿底人？」師曰：「半夜日頭明，日午打三更。」

〔4〕普賢：佛教菩薩名。象王：象中之王。佛經中常用以比喻佛的進退威儀。

〔5〕妙德：文殊師利菩薩的譯名。

蒙庵自東山寄龍眠畫寒山拾得圖來令作頌寒山著屐把帚作舞拾得腰筒拍手而笑豐干騎虎搔癢視之戲書其後云〔1〕

二子相逢舞笑時，此翁癢發似因之。坐間一虎低頭覷，覷著三人總是伊。龍眠畫出意不淺〔2〕，空也言之恐未然。更向蒙庵問端的，榴花洞口笑掀天〔3〕

〔校注〕

〔1〕蒙庵：元聰（1117～1209），宋代僧人。俗姓朱，字蒙叟，號蒙庵，又賜號「佛智禪師」。長樂（今屬福建）人。19 歲棄所學儒業，皈依佛教，歷參名師尊宿。為晦庵慧光嗣子。出世住隆興（今江西南昌）光孝寺，廬山雲居寺，福州雪峰寺，徑山興聖、萬壽諸寺。南宋嘉定二年（1209）十一月圓寂。有語錄行世。
東山：據《銅山志》記載：「因在今東山島（福建漳州）上，東山島原名銅山，據說因環海為區，屹立於五都之東，稱曰東山。」今直屬福建省。寒山、拾得、豐干：皆唐詩僧。豐干，即豐干禪師，居天台山國清寺。

〔2〕龍眠：宋代著名畫家李公麟的別號。公麟致仕後，歸老於龍眠山，自號龍眠居士。

〔3〕榴花洞口：指作者家鄉東山遊玩之地。

素上人為普賢辦供過溪上需偈予曰與普賢有素不可無詞乃作五偈遣之歸山呈似道人一笑

其一

普賢願海君能續〔1〕，火聚刀山勿厭登〔2〕。更入人間煩惱海，自然觸處妙相應〔3〕。

其二

素公初住峨眉寺，遣化人間要話行。借問話頭何自得，大都來處要分明。

其三

雞寒上樹鴨下水，舉著今人長努嘴。眾生不明顛倒機，祖教從來同一軌。

其四

保壽當年作街坊〔4〕，街頭撞著自家底。而今豈是有遮藏，撩起清風殊未已。

其五

千邪堆裏容開手，萬毒叢中許奪標。不墮功勳夷險外，前頭寶所即非遙〔5〕。

〔校注〕

〔1〕普賢：佛教菩薩名。梵名為 Samantabhadra，也譯為「遍吉」。與文殊菩薩並稱為釋迦牟尼佛之二脅士。寺院塑像，侍立於釋迦之右，乘白象。以「大行」著稱，其道場為四川峨眉山。

〔2〕火聚：原為佛教語。指火聚地獄（烈火聚集的地獄）。《正法念經》卷十一：「彼人所作惡業勢力，急擲其身，墮彼火聚。」

〔3〕妙相：佛教語。莊嚴的相貌。

〔4〕街坊：《古尊宿語錄・真淨禪師語錄》：「今日臘月初十，出門街坊丐者，入僚打疊。」

〔5〕寶所：佛教語。本謂藏珍寶之所，喻指涅槃，謂自由無礙的境界。

戲題淵知客水墨圖〔1〕

一身隨處得輕安〔2〕，老入蒼崖迭嶂間。真個溪山看似夢，卻將水墨寫溪山。

〔校注〕

〔1〕淵知客：名淵的知客。知客，亦稱典客、典賓。寺院西序六頭首之一，負責接待賓客。

〔2〕輕安：輕健安康，健康。

前日有客陳墨梅者僕因誦高臺所作為絕至於尋常墨綴處餘人用盡工夫不到不知圓公何從見聞客疑僕能之昨日袖紙相過苦求揮灑不覺令人失笑因戲作少謝盛意是中亦有墨梅請呈本際老必為指出

高臺仁老今已老〔1〕，冷藥疏枝餘薄怒。後來塗抹如牛毛，過眼番番泛於土〔2〕。不如十月江南行，長條半落霜冰清。冰魂玉骨淡不俗，宛轉自有騷人情。惟公好事心尚爾，若愛霜枝橫短紙。不因作意寬作程，少待今年冰雪底。

〔校注〕

〔1〕高臺：比喻京師。《文選・曹植〈雜詩〉之一》：「高臺多悲風，朝日照北林。」李善注引《新語》：「高臺，喻京師。」

〔2〕番番：一次又一次。宋蘇軾《新灘》詩：「白浪橫江起，槎牙似雪城。番番從高來，一一投澗坑。」

卷　九

歐陽澈

　　歐陽澈（1091～1127），字德明，撫州崇仁（今江西崇仁）人。喜談世事，慷慨憂國。靖康初，以布衣三次上書，陳安邊禦敵十策，州未許發。退而復採朝廷之闕失，政令之乖違，可以為保邦禦俗之方、去蠹國殘民之賊者十事，復為書，並上聞。建炎元年（1127），徒步赴行在，伏闕上封事，極斥黃潛善、汪伯彥主和誤國，與陳東同時被殺，年三十七。紹興四年（1134）追贈秘閣修撰。著有《飄然集》六卷。今錄戲謔詩 22 首。

戲促朝宗酒約〔1〕

　　雨收雲海湧金盆，簾卷香絲破篆紋。雙陸無心酬白璧〔2〕，十千有約醉紅裙。哦詩誤許聯師服〔3〕，載酒真當過子雲〔4〕。待遣秋娘呈妙舞〔5〕，春衫已把水沈薰〔6〕。

〔校注〕

〔1〕朝宗：吳沔（吳沆《環溪詩話》第 5 頁作「江」），字朝宗。吳沆從兄，有《宗老集》。

〔2〕雙陸：亦稱「雙鹿」。古代一種博戲。

〔3〕師服：生卒不詳，真實姓氏不清，「師」乃其職務之稱，名曰服。晉臣。春秋早期大宗翼政權的大夫，主要活動於晉文侯到晉昭侯時期。族系無考。

〔4〕子雲：漢揚雄，字子雲。

〔5〕秋娘：唐代歌妓女伶的通稱。

〔6〕水沈：亦作「水沉」。木名。即沉香。

建中覓菊於希喆因戲作四韻寄云〔1〕

丏菊東籬帶晚煙，持觴獨放竹溪仙〔2〕。擬攜賡唱社中侶〔3〕，來伴沉酣市上眠。清叔能詩曾不速〔4〕，廣文嗜酒恨無錢〔5〕。倘蒙閉戶同轟飲〔6〕，一斛豪頭也百篇。

〔校注〕

〔1〕建中：釋斯植，字建中，號芳庭。武林（今浙江杭州）人。曾住南嶽寺，晚年築室天竺，曰水石山居。有《採芝集》《採芝續集》。

〔2〕持觴：舉杯。李白《俠客行》：「將炙啖朱亥，持觴勸侯嬴。」《新唐書・劉仁軌傳》：「仁軌持觴曰：『所不與公者，有如此觴。』」竹溪仙：竹溪六逸，即李白、孔巢父、韓準、裴政、張叔明、陶沔，隱處在徂徠山北下。為人曠達，飲酒作詩，飄然若仙。

〔3〕賡唱：謂以詩歌相贈答。宋趙抃《有懷程給事》詩：「元和賡唱今猶古，此樂情懷豈有涯。」社中侶：歐陽澈創立紅樹詩社。

〔4〕清叔：侯穆，字清叔。北宋蔡州汝陽（今河南汝南）人。熙寧、元豐間有詩名。

〔5〕廣文：「廣文先生」的簡稱。泛指清苦閒散的儒學教官。

〔6〕轟飲：狂飲；鬧酒。

和韻戲索建中和詩

功名未遂冠凌煙，琢句投囊學閬仙〔1〕。韞玉要令神物護〔2〕，探珠豈待老龍眠〔3〕。賓王頗欠新詩債〔4〕，子美回償舊酒錢。自古逸才多滌器，醉來宜灑奪袍篇〔5〕。

〔校注〕

〔1〕琢句：推敲詩文的字句。閬仙：賈島。

〔2〕韞玉：藏玉。《隸釋・漢小黃門譙敏碑》：「君商時度世，引己倍權，守靜微冗，韜光韞玉，以遠悔咎。」晉陸機《文賦》：「石韞玉而山輝，水懷珠而川媚。」

〔3〕探珠：「探驪得珠」。傳說古代有個靠編織蒿草簾為生的人，其子入水，得千金之珠。他對兒子說：這種珠生在九重深淵的驪龍頷下。你一定是趁它睡著摘來的，如果驪龍當時醒過來，你就沒命了。事見《莊子・列禦寇》。後以「探驪得珠」喻應試得第或吟詩作文能抓住關鍵。

〔4〕賓王：謂輔導帝王。賓，通「儐」。語本《易・觀》：「觀國之光，利用賓於王。」。此指「初唐四傑」之一駱賓王。

〔5〕奪袍篇：文學誌向，以奪袍篇相期。

世弼讀白樂天放言詩仿其體依前韻作數首見寄因和答之亦仿樂天之體〔1〕

其一

如簧巧語何須聽，似海侯門豈足遊。太華崇高無棄土〔2〕，滄浪合併納纖流。未要季子榮親印〔3〕，已買陶朱佚老舟〔4〕。藏器待時須大用，恥爭蝸角與蠅頭。

〔校注〕

〔1〕世弼：王純亮，字世弼，山谷之妹婿。

〔2〕太華：山名。即西嶽華山，在陝西省華陰縣南，因其西有少華山，故稱太華。

〔3〕季子：指春秋時吳季札。為吳王壽夢少子。

〔4〕陶朱：即陶朱公范蠡。後泛指大富者。

其二

駟馬華軒終得志，簞瓢捽茹且潛身〔1〕。隋珠莫彈排空雀〔2〕，和璧休投按劍人。畫史解衣須遇鑒〔3〕，齊門鼓瑟信難親〔4〕。索瘢洗垢從教謗〔5〕，澡雪襟懷與道鄰。

〔校注〕

〔1〕簞瓢：盛飯食的簞和盛飲料的瓢。捽茹：飲食，吃喝。捽，通「啐」。

〔2〕隋珠彈雀：《淮南子・覽冥訓》：譬如隋侯之珠，和氏之璧，得之者富，失之者貧。高誘注：隋侯見大蛇傷斷，以藥敷之。後蛇於江中銜大珠以報之，因曰隋侯之珠，蓋明月珠也。又《莊子・讓王》：今且有人於此，以隋侯之珠，彈千仞之雀，世必笑之，是何也？則其所用者重，而所要者輕也。

〔3〕畫史解衣：郭熙《林泉高致・山水訓》云：「莊子說畫史解衣盤礴，此真得畫家之法。人須養得胸中寬快，意思悅適，如所謂易直子諒，油然之心生，則人之啼笑情狀，物之尖斜偃側，自然列布於心中，不覺見之於筆下……然不因靜居燕坐，明窗淨几，一炷爐香，萬慮消沉，則佳句好意，亦看不出。幽情美趣，亦想不成……」

〔4〕齊門鼓瑟：即「齊門瑟」「齊門操瑟」。韓愈《答陳商書》：「齊王好竽，有求仕
　　於齊者，操瑟而往，立王之門，三年不得入，叱曰：『吾瑟鼓之，能使鬼神上
　　下，吾鼓瑟，合軒轅氏之律呂。』客罵之曰：『王好竽而子鼓瑟。雖工，如王
　　不好何？』是所謂工於瑟而不工於求齊也。」

〔5〕索瘢：尋求瑕疵。《新唐書・魏徵傳》：「今之刑賞，或由喜怒，或出好惡……
　　好則鑽皮出羽，惡則洗垢索瘢。」

其三

搏鵬休笑蓬蒿適〔1〕，燕雀豈知鴻鵠遊。顏跖賢愚終莫域〔2〕，渭涇
清濁自殊流。綆長方可探深井，水淺安能泛大舟。獨愛樂天吟著句，輸
贏待看局終頭〔3〕。

〔校注〕

〔1〕搏鵬：盤旋在高空的鵬鳥。喻有大志者。

〔2〕莫，《永樂大典》卷一一三六作「異」。　　顏跖：顏回和盜跖的並稱。

〔3〕待看，《永樂大典》卷一一三六作「終待」。

其四

言行樞機宜慎發，利名韁鎖苦縈身。無非入市攫金客，誰似臨畦抱
甕人〔1〕。鴻雁弟兄猶列序，虎狼父子尚相親。刀錐不用爭蝸角，請學
當時闕黨鄰。

〔校注〕

〔1〕臨畦抱甕：《莊子・天地》：子貢南遊於楚，反於晉，過漢陰，見一丈人，方將
　　為圃畦，鑿隧而入井，抱甕而出灌，搰搰然用力甚多而見功寡。子貢曰：「有
　　械於此，一日浸百畦，用力甚寡而見功多，夫子不欲乎？」為圃者卬而視之，
　　曰：「奈何？」曰：「鑿木為機，後重前輕，挈水若抽，數如泆湯，其名為槔。」
　　為圃者忿然作色而笑曰：「吾聞之吾師：有機械者必有機事，有機事者必有機
　　心。機心存於胸中則純白不備，純白不備則神生不定；神生不定者，道之所不
　　載也。吾非不知，羞而不為也。」

朝宗雨中醉歸為娼女竊笑戲作兩絕因繼其韻

其一

雨裛輕塵步武遲，墊巾歸自武陵溪〔1〕。紛紛誰認神仙過，拊掌瓊樓笑女兒〔2〕。

〔校注〕

〔1〕墊巾：《後漢書・郭太傳》載：郭太字林宗，有盛名。曾出行遇雨，「巾一角墊，時人乃故折巾一角，以為『林宗巾』」。後用「墊巾」、「墊角」謂模仿高雅。

〔2〕拊掌：拍手，鼓掌。表示歡樂或憤激。

其二

襟袂龍鍾破雨歸，玉人驚笑若耶溪〔1〕。恨無款段馳春徑，故故遺鞭盼阿兒〔2〕。

〔校注〕

〔1〕若耶溪：溪名。出浙江省紹興市若耶山，北流入運河。

〔2〕遺鞭：《晉書・載記・苻堅傳》：「堅曰：『……昔夫差威陵上國，而為句踐所滅。仲謀澤洽全吳，孫皓因三代之業，龍驤一呼，君臣面縛，雖有長江，其能固乎？以吾之眾旅，投鞭子江，足斷其流。』」遺，棄擲。遺鞭即投鞭。秦主苻堅自恃兵眾，投鞭能截流。南侵東晉，結果大敗於淝水。

臨川戲留友人

山童澤涸欲金流〔1〕，小雨廉纖陡變秋〔2〕。河朔飲徒方快意〔3〕，鱸魚歸興不如休。歌姝況有飛瓊侶〔4〕，結客當為擲果遊〔5〕。一曲陽關腸斷盡，未應聞此不遲留。

〔校注〕

〔1〕山童澤涸：童，無草木。山沒有草木，澤無水而乾涸。

〔2〕陡，原作涉，據兩宋本改。

〔3〕河朔飲：《初學記》卷三引三國魏曹丕《典論》：「大駕都許，使光祿大夫劉松北鎮袁紹軍，與紹子弟日共宴飲，常以三伏之際，晝夜酣飲，極醉，至於無知。云以避一時之暑，故河朔有避暑飲。」後因以「河朔飲」指夏日避暑之飲或酣飲。南朝梁何遜《苦熱》詩：「實無河朔飲，空有臨淄汗。」

〔4〕歌姝：歌妓。姝，美女。古樂府《陌上桑》：「使君遣吏往，問是誰家姝。」飛瓊：仙女名。後泛指仙女。

〔5〕擲果：即「擲果盈車」。謂婦女對美男子表示愛慕。南朝宋劉義慶《世說新語·容止》：「潘岳妙有姿容，好神情」劉孝標注引《語林》：「安仁至美，每行，老嫗以果擲之滿車。」潘安每次出行，老年婦女把水果扔給他，以至於水果堆滿了他乘坐的車子。

小生日因與友人作文字飲醉中走筆

其一

肮髒無聊獨倚門，誰憐跨下有王孫。揚鑣特辱過黃憲〔1〕，載酒端來醉子雲。寫景錦囊同摘句，搖風玉麈細論文〔2〕。共欣賤子當生日，戲祝遐齡倒一樽〔3〕。

〔校注〕

〔1〕黃憲（75～122），字叔度，東漢汝南慎陽人。少有才學，名動一時，終身不仕，天下號曰「徵君」。《後漢書》有傳。

〔2〕玉麈：玉柄麈尾。東晉士大夫清談時常執之。

〔3〕遐齡：高齡；長壽。晉郭璞《山海經圖贊下·不死國》：「有人爰處，員丘之上，赤泉駐年，神木養命，稟此遐齡，悠悠無竟。」

其二

二妙高軒肯過門，共期獻策學公孫〔1〕。因觀佳句題紅葉〔2〕，陡起歸心望白雲。坐上揮犀驚險語，醉中染翰綴雄文。相忘豈假投遵轄〔3〕，待月同傾北海樽〔4〕。

〔校注〕

〔1〕公孫：東漢初功臣馮異，字公孫。

〔2〕題紅葉：即「紅葉題詩」。唐范攄《雲溪友議》：傳說中書舍人盧渥到京城應試那年的秋天，偶然在御溝中發現一片紅葉漂來，拾起來一看，上面題了一首絕句：「流水何太急，深宮盡日閒。殷勤謝紅葉，好去到人間。」

〔3〕投遵轄：即陳遵「投轄留客」。

〔4〕北海樽：孔北海性格寬容好客，到了退職休閒時，更是賓客盈門，常歎說：「座上客常滿，樽中酒不空，我無憂啊。」

夜過謝池小酌，戲繼前韻示諸友

為憶蓮娃夜叩門〔1〕，恐緣芳草怨王孫。眉彎海嶠初生月，鬢鬌巫峰欲墜雲〔2〕。金粟花殘將委燼〔3〕，香絲篆破不成文〔4〕。朦朧月映人如玉，爾汝忘形共一樽。

〔校注〕

〔1〕蓮娃：採蓮美人。柳永《望海潮》：「羌管弄晴，菱歌泛夜，嬉嬉釣叟蓮娃。」顧況《溪上》：「採蓮溪上女，舟小怯搖風。驚起鴛鴦宿，水雲撩亂紅」皇甫松《採蓮子》：「菡萏香連十頃陂，小姑貪戲採蓮遲。晚來弄水船頭濕，更脫紅裙裹鴨兒。」

〔2〕鬢鬌（duǒ）：鬢下垂貌。

〔3〕金粟花：即桂花。珠蘭，金粟花的別稱，清香似蘭，花圓如珠，而得名。

〔4〕香絲篆：歐陽澈《玉樓春》其二：「香絲篆嫋一簾秋，瀲灩十分浮蟻綠。」

八月十四夜，建中二三友過我清話，因共把盞賞月，從容談笑，不覺雲容朦朧，桂影淡泊，端知是夕聚首騷池，再諧佳會，遂成四韻

冰輪初訝一分虧，結客傳觴笑語遲〔1〕。雲漢無端藏兔影，金波恨不蘸蟾枝〔2〕。佐樽痛憶飛瓊侶，染翰裁成感鬼詩。料得中秋月應朗，習池端約捧瓊卮〔3〕。

〔校注〕

〔1〕傳觴：宴飲中傳遞酒杯勸酒。

〔2〕蟾枝：指桂枝。傳說月中有桂樹，故稱。

〔3〕習池：古蹟名。一名高陽池。在湖北襄陽峴山南。

建中索子賢酒債戲作一絕〔1〕

阿堵物無崔烈臭〔2〕，孔方兄有少陵羞。一斗酒金償未得，速來相就典貂裘〔3〕。

〔校注〕

〔1〕子賢：疑為張邦基，字子賢，兩宋之交高郵人。著有《墨莊漫錄》十卷，史書無傳。其生長於仕宦之家。父親曾在襄陽、陳州、真州等地做官。

〔2〕阿堵物：語出南朝宋劉義慶《世說新語‧規箴》：「王夷甫雅尚玄遠，常嫉其婦貪濁，口未嘗言錢字。婦欲試之，令婢以錢繞床不得行。夷甫晨起，見錢閡行，呼婢曰：『舉卻阿堵物。』」後遂以「阿堵物」指錢。宋張耒《和无咎》之二：「愛酒苦無阿堵物，尋春那有主人家。」崔烈臭：即「崔烈銅臭」。東漢崔烈用錢買得高官，被人譏為「銅臭」。《後漢書‧崔寔傳》：「靈帝時，開鴻都門，榜賣官爵，公卿州郡下至黃綬，各有差……烈時因傅母入錢五百萬，得為司徒……久之，不自安，從容問其子鈞曰：『吾居三公，於議者何如？』鈞曰：『大人少有英稱，歷位卿守，論者不謂不當為三公，而今登其位，天下失望。』烈曰：『何為然也？』鈞曰：『論者嫌其銅臭。』烈怒，舉杖擊之。」後因以嘲諷有錢人或賄賂、貪緣等不詐之風。

〔3〕貂裘：用貂皮縫製的皮衣，為一種珍貴的服裝。高適《奉酬睢陽李太守》：「詩題青玉案，衣贈黑貂裘。」黑貂，即紫貂，皮毛極輕柔。蘇軾《江城子》（密州出獵）：「老夫聊發少年狂，左牽黃，右擎蒼，錦帽貂裘，千騎卷平岡。」

瓊上人留意學詩惑於多岐未明厥趣作四韻痼之了此一話則能詩三昧不出個中矣〔1〕

襟懷磊落富詩情，琢句端明法頌聲。格健要除蔬筍氣，語工須帶雪霜清。碧雲矜式存風雅〔2〕，黃卷沉潛學老成。鍛鍊更能師島可〔3〕，禪林無患不知名。

〔校注〕

〔1〕瓊上人：釋德洪著《石門文字禪》卷十九《小字金剛經贊並序》曰：「瓊上人以飽霜兔毫數莖，束為筆，其銳如麥芒，臨紙運肘，快等風雨。書《金剛般若經》於兼寸環輪中，望之團團，如珠在薄霧間，即而視之，其行如人挽髮作煙鬟。自非思力精微，何以臻此哉？」不知是否為此人？

〔2〕矜式：敬重和取法。

〔3〕島可：唐代詩人賈島與詩僧無可的並稱。島嘗為僧，無可為島從弟。二人詩作風格相似，皆多淒苦之詞。

重九前一日對菊戲書

菊吐金英已滿籬，持杯指準賞芳菲。有巾可漉還無釀，載酒何人是白衣。〔1〕

〔校注〕

〔1〕巾可漉：即「漉酒、漉春酪、漉陶巾、巾漉酒」。《宋書》卷九十三《隱逸傳·
　　　陶潛傳》：「貴賤造之者，有酒輒設，潛若先醉，便語客：『我醉欲眠，卿可去。』
　　　其真率如此。郡將候潛，值其酒熟，取頭上葛巾漉酒，畢還復著之。」陶潛曾
　　　用頭巾漉酒，漉畢又將頭巾戴在頭上。後常藉以詠酒或詠嗜酒的人。王績《嘗
　　　春酒》：「野觴浮鄭酌，山酒漉陶巾。」用「漉酒巾」典，表明自己和陶潛一樣
　　　過的是隱居而嗜酒的生活。杜甫《寄張十二山人彪三十韻》：「謝氏尋山屐，陶
　　　公漉酒巾。」云張山人攜帶葛巾有飲酒的逸興。

讀《蕭防遇仙傳》戲書一絕〔1〕

　　華陽宮闕杳難尋，空有遺蹤古到今。不識蕭郎仙去後，床頭花醞共
誰斟。

〔校注〕

〔1〕《蕭防遇仙傳》：即《雲齋廣錄》卷八「神仙新說」中之《華陽仙姻》，記載蕭
　　　防遇仙之事。蕭防，字仲幾，世居南昌，本衣冠之裔，美風調，麗辭藻，博學
　　　強志，好黃老之書，窮而投訪故人，於旅舍中遇一女冠諸葛氏，以卜筮為業，
　　　姿色極麗。一夕叩門訪蕭，贈以路費，又以卜筮所得悉以奉蕭。蕭北歸後夢諸
　　　葛來訪，謂「無忘舊好」，贈蕭詩有「年週四十復相親」之句。蕭累舉不第三
　　　十餘年，流浪揚楚間，又七八年忽逢諸葛，其容色如故，宛若神仙，自言有方
　　　士教以修煉之方，謂蕭為蕭史之遠孫。蕭得飲其百花醞，亦返青春，次年殿試
　　　登第，忽報家中妻子俱亡。到官後於玉晨觀見一青童謂東方朔大夫相召，告以
　　　華陽洞主董侍御將以女雙成嫁蕭，成婚後方知即諸葛氏。宴會間女童召蕭出
　　　席，忽如夢覺，身在野林中，自此辭官入茅山為道士。後有句容尉徐起遇之，
　　　遂說得道之由。

覽丁渥異夢記戲書一絕示內人〔1〕

　　夢魂千里入巫峰，況在鴛幃咫尺中。筆灑新詩宜贈我，臨風幸免倩
征鴻。

〔校注〕

〔1〕丁渥異夢記：即《雲齋廣錄》卷五之《丁生佳夢》，記載宋代進士丁渥，當年

在太學讀書，夢中歸家，見妻子在燈下展開信紙握著筆給自己寫信，就告訴她：「我已至矣，何用書為？」只見妻子擦著淚不做聲。又在別的紙上看見妻子寫的一絕句：「淚濕香羅袖，臨風不肯乾。欲憑西去雁，寄與薄情看。」等丁渥從夢中醒來，說予同舍，同舍曰：「蓋以君思念之極，以至於此，非有他也。」過了十來天，丁渥得到妻子的信，附詩一首，恰正是夢中見到的詩。《四朝詩·御選宋詩》卷六十三題作《寄外》。

德秀和朝宗絕句意似有不平者，依韻作三絕以代其解嘲〔1〕

其一

琪管將揚世罕知，不辭三弄試臨溪。少陵若也能精鑒，休戲嚴公有此兒〔2〕。

其二

藏器韜光以待時，扁舟且此釣磻溪〔3〕。拏雲指日掀頭角，驚破扶風狎侮兒〔4〕。

其三

東野臨流喜賦詩，一竿搖破碧雲溪。汝非羸角休吾觸，不是尋常丱角兒〔5〕。

〔校注〕

〔1〕德秀：疑即鞏庭芝，字德秀。東平府須城（治今山東東平）人。人稱山堂先生。建炎南渡，寓居婺州武義（今屬浙江）。紹興中登進士第，官終太平州錄事參軍。

〔2〕嚴公：古代高麗臣民對其君主的私下稱呼。《宋史·外國傳三·高麗》：「王出……臣民呼之曰聖上，私謂曰嚴公，后妃曰宮主。」

〔3〕磻溪：水名。在今陝西寶雞東南，傳說為周呂尚未遇文王時垂釣處。亦借指呂尚。

〔4〕狎侮：輕慢侮弄。《書·旅獒》：「德盛不狎侮。狎侮君子，罔以盡人心；狎侮小人，罔以盡其力。」孔傳：「盛德必自敬，何狎易侮慢之有。」

〔5〕丱角：頭髮束成兩角形。舊時多為兒童或少年人的髮式。

朱 松

　　朱松（1097～1143），字喬年，號韋齋，朱熹之父。徽州婺源（今江西）人。徽宗政和八年（1118）同上舍出身，歷任政和縣尉、著作郎、吏部郎，因極力反對秦檜議和，貶饒州知州，未到任即病逝。著有《韋齋集》。今錄戲謔詩 20 首。

效淵明

　　人生本無事〔1〕，況我麋鹿姿〔2〕。一墮世網中〔3〕，永與林壑辭。此行獨何事，豈不為寒饑。弱歲慕古人，頗覺世好卑。那知齒髮邁，終然此心違。春風到山澤，魚鳥亦知時。吾行何日休，流目瞻長岐〔4〕。且用陶翁言，一觴聊可揮。

〔校注〕
〔1〕蘇軾《夜泊牛口》：「人生本無事，苦為世味誘。」
〔2〕李綱《次韻李似之〈秋居雜詠〉十首》之六「況我麋鹿姿，本非冠冕伍。」
〔3〕蘇過《餞任況之》：「一墮世網中，局促轅下駒。」
〔4〕長岐：據《張光傳》，長岐之戰，光設伏於步路，苗光為水軍，藏舟船於沔水，則長岐當在江夏郡縣。

戲答胡汝能〔1〕

　　我生苦中狹，與世枘鑿乖〔2〕。平生素心人，耿耿不滿懷。汝能伯始後，遊世如嬰孩。相逢握手語，便作填篪諧〔3〕。時時笑謂我，如子患

未涯。執古以規今，求合誠難哉。涉世幸未遠，子車尚可回。我介足怨忌，君通絕嫌猜。不見山巨源〔4〕，雍容居鼎臺。不見嵇中散，絕交自可哀。〔5〕賢愚心自了，短韻共一咍。

〔校注〕

〔1〕胡汝能：安徽新安望族績溪龍川胡氏宗族的五世祖，其累官至潮州太守。南宋右丞相兼樞密使程元鳳（1200～1269）曾說：胡汝能博學多才。

〔2〕柄鑿：屈原《離騷》：「不量鑿而正柄兮，固前修以菹醢。」王逸注：「言工不量度其鑿，而方正其柄，則物不固而木破矣。」洪興祖補注：「鑿，穿孔也。柄，刻木端所以入鑿。……《九辯》：『圓鑿而方柄兮，吾固知其鉏鋙而難入。』」「鉏鋙」同「齟齬」，喻兩者不相投合。

〔3〕塤篪：《詩經‧小雅‧何人斯》：「伯氏吹塤，仲氏吹篪。」東漢鄭玄箋：「伯仲喻兄弟也。我與汝恩如兄弟，其相應和如塤篪。」塤為古代土製吹奏樂器，篪為古代竹製吹奏樂器。以塤、篪相應和比喻兄弟般和諧。後因用作詠兄弟和睦的典故。也藉以比喻友情深厚。

〔4〕山巨源：山濤（205～283），字巨源，「竹林七賢」之一，河內懷縣（今河南武陟西南）人。入晉，後拜司徒。位至三公，歷官顯要。

〔5〕嵇中散：嵇康（223～262），字叔夜，譙國銍（今安徽省宿縣西南）人。「竹林七賢」之一。曾中散大夫，故世稱「嵇中散」。他是曹魏宗室的女婿，學問淵博，而性格剛直，疾惡如仇。因拒與當時掌權的司馬氏合作，對他們標榜的虛偽禮法加以譏諷和抨擊，結果遭誣被處死。有《嵇康集》。

謁吳公路許借〈論衡〉復留一日戲作〔1〕

幽獨不自得，駕言款齋廬。殷勤主人情，投轄恐回車〔2〕。轄亦不須投〔3〕，此去將焉如。唯憂酒錢盡，使我詩腸枯。會合曾幾何，可復自作疏。更當留一夕，帳中搜異書。

〔校注〕

〔1〕吳公路：吳逵，字公路，崇安人〔洪邁《夷堅志》甲志卷十六作「建州（今福建建甌）人」〕。宣和三年（1121）進士，調永福尉，以獲海寇功，擢知泰寧。後以功擢判劍州，繼知肇慶府、濠州。尋提點福建刑獄，漕司食鹽害民，下憲臣核實，定綱數，去科賣之弊，除直秘閣，知鼎州。著有《帝王系譜》，已佚。

〔2〕投轄：即「陳遵投轄」。

〔3〕此句鈔補作「世途早已涉」。

戲贈吳知伯〔1〕

條侯得劇孟，吳楚坐可馘。我知無能為，失此一敵國〔2〕。偉哉奇男子，俠氣橫八極。書生復何者，骯髒老筆墨。刺口論安危，事往竟何益。匹夫嘯空野，驚塵一方塞。區區空有意，浩蕩洗鋒鏑。何如吳王孫，語輒面浮赤。交遊得朱亥〔3〕，負販鄙膠鬲〔4〕。腰間鐵絲箭，上鏃紫塞翮〔5〕。笑指蛇豕區，滅此而後食。諸公未備知，欲薦恨無力。明日我過君，烹牛呼社客。當書遊俠傳，令子姓名白。

〔校注〕

〔1〕吳知伯：其人不詳。

〔2〕一敵國：可以與本國相匹敵之國。指劇孟。語出《史記·遊俠列傳》：「吳楚反時，條侯為太尉，乘傳東將至河南，得劇孟，喜曰：『吳楚舉大事而不求孟，吾知其無能為已矣。』天下騷動，宰相得之若得一敵國云。」《後漢書·吳漢傳》：「帝時遣人觀大司馬何為，還言方修戰攻之具，乃歎曰：『吳公差強人意，隱若一敵國矣！』」又見《東觀漢記·吳漢傳》。亦省作「一敵」。《全唐詩》卷八八一李瀚《蒙求》：「劇孟一敵，周處三害。」

〔3〕朱亥：戰國時俠客，魏大梁人。有勇力，隱於屠肆。秦兵圍趙，信陵君既計竊兵符，帥魏軍，又慮魏將晉鄙不肯交兵權，遂使，亥以鐵椎擊殺晉鄙，奪晉鄙軍以救趙。

〔4〕膠鬲：舊時鹽業所祀奉的祖師之一。膠鬲為殷紂王時的大臣，他體恤民情而又忠於君主，孟子將其與微子、微仲、比干、箕子等並稱為輔佐君主的賢臣。相傳他曾主管漁鹽之業，故被奉為鹽神。

〔5〕紫塞翮：指雁。

彥時過永和見和拙句輒復次韻以發一笑〔1〕

老諗不下床，胸次紛黑白〔2〕。彌明亦強項，得句鼾負壁〔3〕。相逢復何事，一笑萬慮寂。新詩追舊韻，俯仰見筆力。何時折鐺傍，鼎坐無主客。區區竟何補，斗粟真自役。

〔校注〕

〔1〕彥時：胡伸（生卒不詳），字彥時，婺源（今屬江西）人。紹聖四年（1097）進士，授潁川教授。崇寧（1102～1106）初，召為太學正，升博士。曾任著作佐郎，參與編撰《神宗日曆》《禮書》。升任右正言，以避親嫌改國子司業。官至知無為軍。著有《尚書注》等。弟胡侃，字彥和，崇寧二年（1108）進士。歷知樂清、黃江縣、轉通判辰州、建州等，政績卓著。自號柳湖居士，著有《胡氏棣華集》。宋王之道《千秋歲·彥時教授兄生日》詞：「何妨文字飲，更得江山助。」永和：今江西吉安永和鎮。

〔2〕老諗（shěn）：即「諗老」，諗，思念。《詩·小雅·四牡》：「豈不懷歸，是用作歌，將母來諗。」注：諗，念也。

〔3〕壁，原作璧，據四庫本改。　　彌明：即衡山道士軒轅彌明。其人其事見韓愈《石鼎聯句詩序》。

勻道人之玉山戲作兩小詩送之〔1〕

其一

小雨斂塵芒屩輕〔2〕，玉峰一點笠邊明。向來目盡鳥飛處，一錫今隨隻影行。

其二

道眼無塵萬景隨〔3〕，滄江秋色入新詩。歸時人問江南好，只道君行到自知。

〔校注〕

〔1〕玉山：《山海經》：「又西三百五十里，曰玉山，是西王母所居也。」山上布滿玉石。郭璞云：「《穆天子傳》謂之群玉之山。」

〔2〕芒屩（juē）：以芒草編成的鞋。質地堅韌耐磨，穿著輕便，多用於出行。流行於魏晉南北朝時期。

〔3〕道眼：能見正道的眼。觀道之眼。

以月團為十二郎生日之壽戲為數小詩〔1〕

其一

鳳山團餅月朣朦，老桂橫枝出舊叢。小友他年春入手，始知蟾窟本來空。

其二

夢覺床頭無復酒，語終甂底但餘麋〔2〕。已堪北海呼為友〔3〕，猶恐西真喚作兒〔4〕。

其三

駸駸驚子筆生風〔5〕，開卷猶須一尺窮。年長那知蟲鼠等，眼明已見角犀豐。

其四

生朝樂事記當年，湯餅何須半臂錢。吾算自知樽有酒，汝翁莫歎坐無氈。

〔校注〕

〔1〕十二郎：即朱熹。朱松詩稱「十二郎」，蓋人如云七十翁、八十叟、十八佳人、二八女郎，乃是稱朱熹為十二歲之郎。因是生日祝壽，贊其少年能詩文，故特顯其年齡也。按鳳山在建安，朱松紹興十二年九月（朱熹生日時）往遊福州，十三年三月即卒，故可斷此詩必作於紹興十一年在建安時。

〔2〕麋，原作麌，據諸本改。

〔3〕北海：指孔融。《藝文類聚》卷二六引晉代張璠《（後）漢紀》：「孔融拜太中大夫，雖家居失勢，賓客日滿其門，愛才樂士，常若不足，每歎曰：『坐上賓客滿，樽中酒不空，吾無憂矣。』」後因以「北海觴」謂主人好客或文士雅集的典實。宋歐陽修《雙桂樓》詩：「愛客東阿宴，清歡北海觴。」

〔4〕西真：即西王母。宋陸游《玉笈齋書事》詩：「晨占上古連山易，夜對西真五嶽圖。」

〔5〕駸駸：馬疾速奔馳貌。

徐彥猷寄示詩數章，皆隱約世外語。詩律深妙，豈勝歎仰，輒次韻和呈。彥猷素富學，未壯而棄場屋，故詩中極道江湖放浪之樂，以動盪其心志，而卒反之以古人出處之義。當有隱君子弄舟煙雨之外，倚其聲而歌之，亦可以一笑也

其一

幽人世路無轍跡，抱此耿耿將安歸。機心一寸焦穀稿〔1〕，丹頰不為千鍾肥。

其二

頗憐胸次抱經緯，半縷不上山龍衣。誰知煙雨暗青笠，得意雲水春霏微。

其三

詩逼長江世已稀，滄洲未覺此心違。平生卻笑陶彭澤，今昔紛紛強是非。

其四

江湖魏闕已一視，孰與蓑笠無危機。遙知避世客相對，落日一談能解圍。

其五

談笑百篇無俗韻，榮枯半世掩衡扉。古人祿隱或金馬〔2〕，那用故山甘蕨薇。

〔校注〕

〔1〕焦穀稿：當是「焦穀稿」。蘇軾《孔毅父以詩戒飲酒，問買田，且乞墨竹，次其韻》有「石女無兒焦穀稿」句，施注：「《維摩經》：文殊師利問維摩詰言：菩薩云，何觀於眾生？維摩詰言：如焦穀芽，如石女兒。」

〔2〕祿隱：猶朝隱。謂在官食祿不勤政事，清高而自隱。金馬：金馬門的省稱，也作金門、金門客，喻指朝廷官吏。李嶠《門》：「詎知金馬側，方朔有奇才。」王維《送張舍人佐江州同薛璩（一作握）十韻》：「清晨聽銀蚪，薄暮辭金馬。」

徐侯寄示古風為別作三絕句往資一笑

其一

胸中戈甲一敵國，筆下篇章萬戶侯。龍門隱吏絕人處，百事隨緣莫莫休。

其二

求田莫問湖海士，得志付與閭閻兒〔1〕。黃花滿把一尊酒，欲話此意非君誰。

其三

久憶瓊糜薦一杯〔2〕，玉延猶費著詩催。筥籃不送今年供，應待毗耶遣化來〔3〕。

〔校注〕

〔1〕閭閻：里巷內外的門。後多借指里巷。

〔2〕瓊糜：玉屑。傳說食之可以延年。

〔3〕毗耶：亦作「毗邪」。佛教語。梵語的譯音。又譯作「毗耶離」「毗舍離」「吠舍離」。指菩薩維摩潔，或喻謂精佛法善說佛理者。

戲代作送住郎

同攀梅蕊便分攜，回鴈峰前試彩衣。學就浯溪崖上字〔1〕，鴈回莫遣信音稀。

〔校注〕

〔1〕浯溪：位於今湖南永州祁陽縣城浯溪鎮西南部，瀕臨湘江，距離永州市區 50 多公里。此處蒼崖石壁，巍然突兀，摩崖上唐宋以來刻有元結、黃庭堅等名家的文字。

卷　十

朱　槔

朱槔（約1101～1151），字逢年，號玉澗，朱森之季子，朱熹三叔，徽州婺源人。隨長兄朱松入閩，以占籍政和報名參加考試，為建州貢元，入省試不中，卻懷才自負，不肯俯仰於世，生平未仕，貧困潦倒，在閩浙皖各地漂泊多年。晚年則流寓湖州、尤溪。著有《玉瀾集》一卷。今錄戲謔詩1首。

答戲昭文梅花〔1〕

臘到方留此日寒，雨多未覺過雲殘。共驚臺柳忽忽去，獨抱園花細細看。洗面不勞千點雪，薰衣剩破一分檀。詩人窮苦誰料理，只倚東風酒量寬。

〔校注〕

〔1〕昭文：宋昭文館大學士省稱。宋宋敏求《春明退朝錄》卷上：「本朝置二相，昭文、修史，首相領焉；集賢次相領焉。」宋徐自明《宋宰輔編年錄》卷五：「皇祐五年閏七月壬申，陳執中進昭文相，授行吏部尚書、同平章事、昭文館大學士、監修國史兼譯經潤文使。」

張　浚

張浚，字昭遠，號茅山居士。綿竹（今屬四川）人。濬兄。高宗紹興元年
（1131），為宣撫處置使司書寫機密文字。七年，賜進士出身，除知鎮江府，
為周秘所論，主管台州崇道觀。歷知撫州、永州、楚州。今錄戲謔詩 1 首。

戲作偈呈大慧宗杲禪師〔1〕

小庵庵主放憨癡，愛向人前說是非。只因一句臭皮襪，幾乎斷送老
頭皮〔2〕。（《大慧普覺禪師年譜》紹興十一年）

〔校注〕

〔1〕大慧宗杲禪師（1089～1163），北宋、南宋之交「話頭禪」始祖。「話頭禪」指
　　只截取某個語錄故事裏的一句話，指導修學者用心參究。

〔2〕紹興十一年（1141 年）五月間。張九成到徑山拜訪並問道於宗杲禪師，在他們
　　談論時事政局時，宗杲作詩曰：「神臂弓一發，透過於重甲，衲僧門下看，當
　　甚臭皮襪！」其意是說宋將韓世忠廣造「克敵弓」以備破金之事。秦檜聽說後，
　　認為這是在影射他投降和議，於是羅列張九成，宗杲兩人「謗訕朝政」的罪名，
　　加以迫害。宗杲被毀牒剝衣，除去僧籍，發配到衡州，長達 10 年之久。後來
　　再次流徙到梅州（今廣東省）4 年。……雖死不悔。紹興二十五年（1155 年）
　　冬天，「蒙恩北還」。二十六年春，復其袈裟，重入僧籍，十一月詔住阿育王寺。
　　二十八年詔令重返徑山，……南宋孝宗即位，賜號「大慧」禪師。後謝任歸隱
　　明月堂，於隆興元年（1163 年）八月十日病逝，世壽 75 歲，謚號「普覺」，塔
　　名寶光。〔何茲全主編，中國歷代名僧，河南人民出版社，1995 年 01 月第 1
　　版，第 562 頁〕

張　隱

張隱，南宋伶人，生平里籍不詳。今錄戲謔詩 1 首。

嘲宰相賞花〔1〕

位乖爕理致傷殘，四面牆匡不忍看〔2〕。正是花時堪下淚，相公何必更追歡〔3〕。

〔校注〕

〔1〕宰相：即詩中相公，指張浚，時為南宋將領。張與岳飛、韓世宗並稱北宋三大將，因附和秦檜參與謀害岳飛，為人所不齒。晚年受宋高宗禮遇，拜為太師。宋陳元靚《事林廣記》云：張浚常與朝士於萬壽寺閱牡丹而飲，俄有雨降，抵暮不息，諸公歡飲未闌。左右伶人皆御前供奉第一部者，其間一人張隱者，忽躍出高聲吟者云云。張但慚恨而已。

〔2〕位乖二句：乖，（性情、行為）不正常。爕理，協助治理。四面牆匡，比喻山河破碎。匡，此處意為破損。

朱 翌

朱翌（1097～1167），字新仲，號潛山居士、省事老人，舒州懷寧（今安徽潛山）人。徽宗政和八年（1118）賜同上舍出身。南渡後官至中書舍人兼實錄院修撰。因忤逆秦檜被責為韶州安置。秦檜死後起充秘閣修撰，後為宣州知州、平江知府等。有《潛山集》《潛山詩餘》等。今錄戲謔詩 2 首。

戲事

相逢多戲事，聊以度長年。間出詩聯句，時因酒合錢。歌狂無所擇，棋勝亦欣然。齷齪好苛禮〔1〕，逡巡不敢前。

〔校注〕

〔1〕《漢書》酈食其曰：其將皆齷齪，好苛禮也，不能聽大度之言。酈生乃深自藏匿。齷齪，氣量局促貌。苛禮，繁細的禮節。

戲同諸子書所見

已老猶癡作蠹魚〔1〕，出門延望立須臾。或深或淺花先後，半霽半陰雲有無。〔2〕山月向人俱引領，海風無日不噓枯。論詩各盡諸郎意，籬落之中自可娛。

〔校注〕

〔1〕蠹魚：蟲名。即蟬。又稱衣魚。蛀蝕書籍衣服。體小，有銀白色細鱗，尾分二歧，形稍如魚，故名。

〔2〕頷聯「或深或淺，半霽半陰」，掉字對之掉同位對。先後、有無，互成對之虛字互成對。

康執權

　　康執權（生卒年不詳），字平仲，開封（今屬河南）人。上舍釋褐。靖康時，為國子祭酒、鴻臚卿。高宗朝累官給事中，試中書舍人，權工部侍郎，兼同修國史，為吏部侍郎。紹興三年，以顯謨閣直學士奉祠。今錄戲謔詩1首。

戲為妓山氏作〔1〕

　　昔日緹縈亦如許〔2〕，盡道生男不如女。河陽滿縣皆春風〔3〕，忍使梨花偏帶雨。

〔校注〕

〔1〕宋陳岩肖《庚溪詩話》卷下：康執權奉祠寓居永嘉，籍妓中有姓山者頗慧麗，康時命之侑樽俎。一日妓之父以事繫縣中，當坐罪，妓涕泣歷求救於士大夫，康憫之，戲為一絕云云。

〔2〕緹縈：淳于意之女。因父親做縣時犯了罪，五個女兒中最小的緹縈給漢文帝寫了封信，請求不要對其父使用肉刑，在臉上刻字，從輕處罰。漢文帝讀後感覺誠懇，於是廢除了肉刑。這便是「緹縈救父」，典出《史記·孝文本紀》。

〔3〕河陽滿縣：潘岳曾任河陽令，廣植桃李，號「河陽滿縣花」。

曹　勳

　　曹勳（1098～1174），字功顯，號松隱，曹組之子。陽翟（今河南禹縣）人。宣和五年（1123）以蔭補承信郎，特命赴廷試，賜進士甲科。紹興十二至十四年間，為金使伴館副使、接伴使。忤秦檜，奉祠閑居十年。淳熙元年卒，謚忠靖。有《松隱文集》《北狩見聞錄》。今錄戲謔詩 12 首。

戲作

　　昨日暴熱加薀隆，今日寒色如窮冬。居然寒暑變春事，大鈞造化誰始終〔1〕。我欲直前扣天闕，萬神森衛不可謁。上玄豈縱勾芒神〔2〕，朝驅赫日夜沉月。吹香濕玉失長養，發陳豐啟若徒設〔3〕。願天勿令移指麾，卻收正令還春曦。暄風布暖活貧寠，免詠眉山禦臘衣。

〔校注〕

〔1〕大鈞：《漢書》卷四八《賈誼傳》載賈誼《鵩鳥賦》：「大鈞播物，塊圠無垠。」唐顏師古注：「如淳曰：『陶者作器於鈞上，此以造化為大鈞也。』師古曰：『今造瓦者謂所轉者為鈞，言造化為人，亦猶陶之造瓦耳。』」鈞為古代製陶器所用的轉輪。漢時人以大鈞喻指締造萬物的造化，即大自然。後人沿用為典。

〔2〕勾芒神：掌管春天樹木的生長，屬春官。勾芒：傳說為古代主管樹木的官。《左傳》昭公二十九年：「木正曰句芒。」《禮記・月令》：「其帝太皞，其神句芒。」注：「少皞氏之子曰重，為木官。」疏：「謂自古以來主春立功之臣，其祀以為神，是勾芒者主木之官，木初生時勾屈而有芒角，故云勾芒。」勾，同「句」。

〔3〕發陳：發生，代指春天。《素問·四氣調神大論篇》：「春三月，此謂發陳，天地俱生，萬物以榮。」璺啟（wèn）：啟開；裂開。璺，坼裂。運氣術語。運氣中六氣變化之一。《素問玄機原病式·六氣為病》：「《經》言：厥陰所至，為風府，為璺啟。」

效寒山體

其一

嗟我世間人，有山只暫聚。富貴空中花，遇合風裏絮。夜夜植業種，朝朝奔苦趣。佛有妙蓮花，讀取平等句。〔1〕

其二

嗟我世間人，強有六親念。看子是惡少，目妬作美豔。分香且供佛，有財莫言儉。俯仰即異世，六尺那可占。

〔校注〕

〔1〕平等句：《大日經·住心品》：所謂越三時，如來之日加持故，身語意平等句法門。

新秋自喜信筆

嫋嫋秋色來不慳，翩翩落葉鋪闌干。藏鶯杜燕圃中靜，蘆葉藕花波水寒。我生逢辰似陸賈〔1〕，老去恨未歸長安。天公賜以八旬老，客況如寄僧家園。

〔校注〕

〔1〕陸賈（約前240～前170）：楚（今江蘇徐州）人。早年從漢高祖平定天下，善於口辯，常使諸侯。漢高祖十一年（前196）受命出使南越（今廣東、廣西一帶），詔諭趙佗臣屬漢朝，因功官至太中大夫。後受高祖之命，著文12篇，即《新語》，總結秦亡漢興的經驗教訓，依據黃老學派的觀點提出了「無為而治」的政治主張。

休致後效樂天體〔1〕

從來受性豈其天，遇物常隨處處緣。未病邊為辭職去，欲歸亟引掛

冠年。冒寒須放尋梅步，更窘常留買藥錢。恩許天台遂幽筑，清風一棹
送歸船。

〔校注〕

〔1〕效樂天體：唐白居易，字樂天。「樂天體」指白居易創作的那種語意淺顯、篇
　　含哲理的似《放言》一類的近體詩。曹勳此詩開頭暗含理性，顯然可見樂天體
　　的痕跡。

戲簡錢處和

　　聞道維摩裴几前〔1〕，花隨寶女下雲天。合歡帶緩新妝薄，燕子樓深
晚色鮮〔2〕。想得瓊枝宜夜夜，只應璧月共娟娟。何時遂預平生友，與
出湘雲伴錦筵。

〔校注〕

〔1〕維摩：即維摩詰菩薩，或譯毗摩羅詰，意譯是淨名、無垢稱。略稱維摩菩薩。
　　據《維摩詰經》記述，維摩詰原來是毗耶離（吠舍離）城一位信奉大乘佛教的
　　富有的居士，他勤於攻讀，虔誠修行，得聖果成就，被尊為菩薩。

〔2〕燕子樓：位於徐州。唐張建封鎮徐州時，家妓關盼盼居住之樓。白居易、張仲
　　素等均留有詩作。

僕至赤城英侍者見訪好語瀾翻喜以成詩〔1〕

　　閒中忙事厭營營，款段揚鞭訪赤城。問法未經雙澗路，彌天先見萬
年英。繁陰成幄暑風薄，好草傳香朝雨晴。杖屨何妨留一宿，松間語舊
有餘清。

〔校注〕

〔1〕赤城：今浙江天台縣北六里，為往天台必經之路。在天台山南門。因土色皆
　　赤，狀如雲霞，望之似雉堞，故名。天台山向來是佛教聖地。李白《當塗趙
　　炎少府粉圖山水歌》：「滿堂空翠如可掃，赤城霞氣蒼梧煙。」張祜《憶遊天
　　台寄道流》：「憶昨天台到赤城，幾朝天籟耳中生。」

戲示子舍二首〔1〕

其一

八八光陰又四春，同桦殊少去年人〔2〕。不妨諸子頻修供，莫厭擊鮮休說貧。

其二

日日有花終日賞，時時酌酒亦時醒。今年剩得優游樂，亭榜宜書醉景亭。

〔校注〕

〔1〕子舍：子女所住的屋舍。代稱子女。宋富弼《韓國華神道碑》：「教子舍悉用經術而濟之以嚴。」宋葉適《宋故中山大夫張公行狀》：「初，公至郡，諜報『虜主祈太清官，且窺邊州』，人人恐，定遠縣逃奔幾盡，公不為動，但遺承局趣取子舍，遠近安之，亡者復還。」

〔2〕同桦：疑「同伴」。

戲妙德二偈〔1〕

其一

萬行不修無事也，隨緣放曠任逍遙。昨夜人言風雨急，窗間只道海門潮〔2〕。

其二

穩得身心常坦坦，此事從來高著眼。山河大地徧遊行，只是雨下不借傘。

〔校注〕

〔1〕妙德：文殊師利菩薩的譯名。《全宋文》卷二四〇六曹勳七亦收錄此二偈。

〔2〕海門：唐咸通四年（863）南詔攻陷交趾，唐安南都護府寄治海門鎮（今廣西壯族自治區合浦縣西南），咸通七年（866）高駢收復交趾後，方移回舊治。

戲成

春光曉看如殘夢，院靜宜兼竹影疏。新處觸時佳意在，夜寒猶怯枕衾孤。

王　銍

　　王銍，字性之，自號汝陰老民，王昭素之後，王莘之子，穎州汝陰（今安徽阜陽）人，居剡中。嘗從歐陽修學。高宗建炎四年（1130），權樞密院編修官，纂集太宗以來兵制。紹興九年（1139），為湖南安撫司參議官。著有《默記》《雜纂續》《補侍兒小名錄》《國老談苑》《雪溪集》《王公四六話》等。今錄戲謔詩 4 首。

山中梅花盛開戲作

　　化工難回天地春，下遣第一天仙人〔1〕。前驅飛雪助幽絕，千里隔盡埃與塵。何心百卉擅獨秀，寒入萬物無精神。綽約肌膚瑩香玉〔2〕，借與東皇立花國。開破天地發生心，引出世間凡草木。品流不數廣寒宮，為嫌月姊長孀獨。波上輕雲掌上身〔3〕，有來比肩皆塵俗〔4〕。須知尤物到絕言，從昔華詞吟不足。溪回路轉一枝斜，可惜天寒倚修竹。窮途遊子歲華晚，腸斷夜投山館宿。古今幽怨不盡情，更入淒涼笛中曲〔5〕。荒山偶賦梅花詩，佇立花前香在衣。傷心不忍別紅紫，付與曉風零亂飛。

〔校注〕

〔1〕第一天仙，小集本作「天仙第一」。

〔2〕《莊子·逍遙遊》：「藐姑射之山，有神人居焉，肌膚若冰雪，綽約若處子；不食五穀，吸風飲露，乘雲氣，御飛龍，而遊乎四海之外。」此喻梅花。

〔3〕雲，李本作「盈」。

〔4〕有，小集本作「由」。

〔5〕更入，原缺，據李本、小集本補。

明覺山中始見梅花戲呈妙明老〔1〕

急暑馳輪歲將歇〔2〕，我更荒村轉冰轍。凝岩萬物凍無姿，水墨陂塘葭葦折。是誰向背此間來〔3〕，破萼梅花伴幽絕。遙山誰恨天作愁，澹盡眉峰半明滅〔4〕。清香自滿不因風，玉色素高非鬥雪。竹籬凝睇一淒涼，沙水澄鮮兩明潔。天仙謫自廣寒宮，定與桂娥新作別〔5〕。尚憐嫠獨各相望〔6〕，多情與照黃昏月。從來耐冷月中人，一任北風吹石裂。漫勞粉鏡學妝遲，欲寫冰膚畫工拙。千古無人識歲寒，獨有廣平心似鐵。我因花意拂埃塵，尚恐人傳向城闕。詩成火暖夜堂深，地爐細與山僧說。〔7〕

〔校注〕

〔1〕明覺山：一名刺浧山，據《古今圖書集成‧方輿彙編‧職方典》載：刺浧山在紹興府城南西，一名明覺山。妙明：宋僧。俗姓胡，字無相。臨川（今屬江西）人。少出家，以參究為務，常於所居面壁靜省，一夕大悟，遂能詩文。晚年結庵，行頭陀法。久之，趺坐寂去，年80餘歲。

〔2〕急暑馳輪：暑，日影；代指太陽。古代傳說，太陽神駕著馬車由東向西馳騁。

〔3〕向背：小集本作「背向」，一作「肯向」。

〔4〕盡，小集本作「畫」。

〔5〕桂娥：月宮仙女。

〔6〕嫠獨：嫠，寡婦；獨，老年無子。

〔7〕自注：皮日休曰：「宋廣平鐵心石腸，乃作梅賦，有徐庾風格。」予謂梅花高絕，非廣平一等人物不足以賦詠。

明師見和梅詩再用韻兼奉送還福唐〔1〕

斲輪妙手聲名歇，誰信出門猶合轍。後來世外有高禪，凜凜蘭摧並玉折。久將生死付八還〔2〕，不數圖書號三絕〔3〕。詩來乃與梅爭妍，獺髓補痕紅未滅。那知一夜卷東風，開盡寒枝千點雪。漢宮婕好體自香，月裏飛仙長玉潔。白頭對鏡憶年少，每到花開重離別。愛花取醉惜夜闌，眷戀盈盈花上月〔4〕。人歸吹恨落關山，恨極欲吹羌管裂〔5〕。何況東溪漫草寒，學世猶嗤顏謝拙。還驚詩律張吾軍，塵戰愧非求嚼鐵。歸舟滿載萬珠璣，莫顯神龍藏貝闕。明朝詩逐暮潮還，餘意憑師筆端說。〔6〕

〔校注〕

〔1〕福唐：本為福清原名。縣為長樂縣地，唐聖曆二年（699）析置萬安縣，天寶
　　二年（743）改名福唐，長興四年（933）始稱福清。此為福清得名之始，迄今
　　沿用不變。但歷代文人多喜稱「福州」為「福唐」，或因地近之故。如唐人所
　　撰《續玄怪錄》云：「南陽張逢貞元末（804）遊嶺表，行次福唐橫山店。」按
　　橫山店即今臺江區之橫山鋪，屬閩縣，不應稱「福唐」。又宋皇祐二年（1060）
　　李上交知福州，但他在烏石山霹靂岩石刻題名，自稱「福唐守李上交」。又如
　　陳襄本福州侯官人，而其學生孫覺撰《墓誌銘》，卻作福唐人。

〔2〕八還：或出自《楞嚴經》「八還辯見」，或《老子》「其事好還」。

〔3〕三絕：即韋編三絕。

〔4〕眷，小集本作「春」。

〔5〕管，小集本作「笛」。

〔6〕自注：師舉東溪可上人詩，句法似之。

會稽楊梅雄天下，其佳者皆出項里，相傳項羽鄉里也，驗圖志信然，戲作楊梅詩，供作者一笑耳〔1〕

越山楊梅最珍美，人傑地靈生項里。江東廟食憶至今，應緣似舜重瞳子。南方炎威無時窮，落在故鄉草木中。請看枝頭萬點火，猶是咸陽三月紅〔2〕。摧剛作柔隨物轉，婦人之仁仍可見。風姿和味說難名，顏色與香收易變。炎炎夏日簾影垂，玷污玉筍明瓠犀〔3〕。映出越女天下白，壓倒驪山生荔枝。金鼎奪胎尤出類，萬人口腹非其對。外丹須要內丹成，任君封樹連園買〔4〕。

〔校注〕

〔1〕項里：項羽之故里。項羽曾避仇於吳中，故會稽有其舊居。南宋姜夔曾作《項
　　里苔梅》詩。

〔2〕咸陽三月紅：《史記·項羽本紀》載：項羽「燒秦宮室，火三月不滅。」

〔3〕瓠犀：《詩經·衛風·碩人》：「手如柔荑，膚如凝脂，領如蝤蠐，齒如瓠犀。
　　螓首蛾眉，巧笑倩分，美目盼兮。」從手到齒，由眉到目，盡情地讚美衛莊公
　　夫人莊姜之美。

〔4〕封，小集本作「對」。

劉子翬

劉子翬（1101～1147），字彥沖，號病翁，建州崇安（今屬福建）人。劉韐次子，劉子羽之弟。北宋末以蔭補承務郎，南宋初曾任興化軍通判。後退居武夷山，在屏山下講學十七年，人稱屏山先生。朱熹曾從其問學。有《屏山集》。今錄戲謔詩 10 首。

柳源觀瀑戲明仲〔1〕

山橫曉色中，線路窮崎嶇。何年貫日虹，飄然墮秋虛。晴暉發燦爛，陰飆助傾輸〔2〕。淙深粉雪沸，注險龍蛇趨。平生浩蕩胸〔3〕，對此聊一舒。蒼蒼古澄潭，彷彿幽靈居。奇觀付豪逸，餘潤分膏腴〔4〕。來遊今七賢，賤跡欣與俱。扶筇卻軒輊〔5〕，坐石安氍毹〔6〕。壁陰生小寒，賞澹樂有餘。詩魔久已降，幽事復起予。為言玉堂人〔7〕，五字不可無。

〔校注〕

〔1〕明仲：胡寅（1098～1156），字明仲，學者稱致堂先生，建州崇安（今福建武夷山）人。胡安國弟胡淳子，安國養為己子。少時桀點難制，閉於空閣，閣中有雜木，寅盡刻成人形。安國為移其心，乃置書數千卷。年餘，寅悉能成誦，不遺一卷。宣和間，中進士甲科，有《斐然集》三十卷。

〔2〕陰飆：陰冷的狂風。

〔3〕浩蕩，原作「蕩浩」，據四庫本、李本乙改。

〔4〕潤，原作閏，據四庫本改。

〔5〕軒輊：一曰車前高後低曰軒，後高前低曰輊。引申為高低、優劣、輕重。劉禹錫《楚望賦》：「亦有輕舟，軒輊泛浮。」一曰軒昂，氣度不凡。韓愈《劉生》：

「生名師命其姓劉，自少軒輊非常儔。」一曰翻覆。杜甫《送從弟亞赴河西判官》：「崆峒地無軸，青海天軒輊。」

〔6〕氍毹：一種毛織或毛與其他材料混織的毯子。可用作地毯、壁毯、床毯、簾幕等。

〔7〕玉堂：唐宋時稱翰林院為玉堂。唐李肇《翰林誌》：「是時宗文武皇帝裂海岱十二州為三道之歲，時以居翰苑皆謂凌玉清、溯紫霄，豈止於登瀛洲哉！亦曰玉署、玉堂焉。」宋王應麟《玉海》卷一六一《宮室·堂·淳化飛白玉堂》：「二年十月賜承旨蘇易簡。」又，「慶元五年九月二十一日詔學士院創玉堂殿，止以玉堂為名。」

少稷賦十二相屬詩戲贈一篇〔1〕

不用為鼠何數奇，飯牛南山聊自怡。探穴取虎有奇禍，守株伺兔非全癡。文成雕龍盈卷軸，畫蛇失杯坐添足。走馬章臺憶舊遊，歲月纔驚羊胛熟。六窗要自息彌猴〔2〕，黃雞無應心日休〔3〕。白衣蒼狗變化易，世事何殊牧豬戲。

〔校注〕

〔1〕少稷：尹穡，字少稷。兗州（今屬山東）人。建炎中南渡，徙居信州玉山（今屬江西）。紹興三十二年（1162），為樞密院編修官，賜進士出身。孝宗時，歷任監察御史、右正言、殿中侍御史、諫議大夫等職。附和史浩，力主和議，壓制抗金派，遭到朝臣猛烈抨擊。不久，因主和派失勢，遂被罷官。

〔2〕六窗：猶六根。前蜀貫休《酬王相公見贈》詩：「九德陶鎔空有跡，六窗清淨始通禪。」宋蘇轍《七十吟》：「六窗漸暗猶牽物，一點微明更著油。」「狡兔留三窟，彌猴戲六窗」。

〔3〕黃，原作異，據四庫本改。

竹源之集奇仲不赴蕭屯以詩嘲之再用原韻〔1〕

平生老子興，渾寄幽絕處。寧嫌一坡遠，甘作十歇去〔2〕。至今清夢狂，時走松陰路。心忻自吟哦，技癢輒披露。那知菅蒯微〔3〕，辱報瑤瓊樹。胸中萬斛清，忽向毫端雨。援桴未敢再〔4〕，破的已驚屢。病身得所便，一閱神氣聚。淇竹秋棱檂〔5〕，洛花春布濩〔6〕。真機不可藏，文亦肖風度。樂哉精廬遊〔7〕，愧我不常與。陋鄉豈無奇，乏此追陪故。

翻然卜鄰心，幾逐長風舉。但分茅半簷，不假牛十具。劉郎個中人，幽期乃愆素。曾無負負言，直委茫茫數。移文太遽生，恐未明深膇〔8〕。君看旋磨蟻，瑣屑安故步。何如驥突雲，軒豁隨長馭。集枯豈小歇，動者中不驚。

〔校注〕

〔1〕奇仲：劉奇仲，名不詳。蕭屯：福建建陽西郊的一個村莊，朱熹的老師、岳父劉勉之曾讀書於此。有人誤解為人名。

〔2〕十歇：佛家語。求那跋十歇來自天竺的那爛陀寺。求那跋意為功德，十歇便是狂心頓歇，歇即菩提。上師為求那拔賜此名，是希望求那拔能夠普度眾生與彼岸，遠離一切苦厄。

〔3〕菅，原作管，據李本、四庫本改。　菅蒯：茅草。喻微賤的人或物。劉商《贈嚴四草履》：「輕微菅蒯將何用，容足偷安事頗同。」韓愈、孟郊《納涼聯句》：「惟憂棄菅蒯，敢望侍帷幄。」

〔4〕援枹：援枹，手持鼓槌。謂隨時可以指揮進軍。古時以擊鼓指揮軍隊進擊。

〔5〕棱巒：長勢威嚴。

〔6〕布濩：散佈。濩，散佈。

〔7〕精廬：研究學問的地方，位置應在題中的「竹源」。

〔8〕深膇：膇，即「嗉」。結喉。

李佐國攜致中贈別詩來戲成二首〔1〕

其一

星郎絕筆版曹臥〔2〕，懶翁病翁稀綴文〔3〕。豈料詩壇今再鼓，蕭屯賴有故將軍。

其二

贊皇吟毫不可掣，交遊酬答被惱深。贈言排捃入吾里〔4〕，以鄰為壑君何心。

〔校注〕

〔1〕李佐國：不詳其人。致中：劉勉之。

〔2〕星郎：郎官的美稱。《後漢書·明帝紀》：「帝遵奉建武制度，無敢違者。後宮之家，不得封侯與政。館陶公主為子求郎，不許，而賜錢千萬。謂群臣曰：『郎

官上應列宿，出宰百里，有非其人，則民受其殃，是以難之。』故吏稱其官，民安其業，遠近肅服，戶口滋殖焉。」館陶公主為兒子求取郎官之職，明帝不許，說郎官上與星宿相應，要出任主管地方政務，如有不稱職的人擔任，百姓就要遭殃。版曹：宋戶部尚書的別稱。《宋史・薛弼傳》：「弼白版曹窮治，人嚴憚之。」宋潛說友《咸淳臨安志》卷六《司農寺》：「中興初，以寺事撥隸倉部……林次膺記：皇宋隸於版曹，而下以幾察廩庾之出納。」

〔3〕懶翁病翁：作者自指。

〔4〕排掁（hén）：排擠、排斥。

奇仲德華第二轉語皆有旨趣致中乃謂僕操兩可於其間戲成長句〔1〕

不可無詩絕盍簪〔2〕，雜然嘲玩寄嘉音。唯阿似是摸棱手，虛靜初無照物心。蓮蕩遠陰波面合〔3〕，菫峰橫翠雨中深〔4〕。頗能逐勝此來否，一笑又成梁甫吟〔5〕。

〔校注〕

〔1〕奇仲：劉奇仲。德華：游德華。

〔2〕盍簪：《易・豫》：「勿疑，朋盍簪。」王弼注：「盍，合也；簪，疾也。」陸德明釋文：「簪，虞作戠。戠，叢合也。」

〔3〕蓮蕩：宋初詩人林逋《蓮蕩》：「楚妃皋女一何多，裳似芙蓉衣芰荷。幾夕霏霏煙靄裏，競窺清淺弄重波。」

〔4〕菫峰：即赤菫峰。《越絕書》：赤菫之山破而出錫，以造寶劍。

〔5〕梁甫吟：樂府楚調曲名。梁甫，即梁父，山名，在泰山下。《梁甫吟》，蓋言人死葬此山，亦為葬歌。

原仲紅釀甚佳嘗有十壺之約小詩發一笑〔1〕

廣文挾書門戶閉，廣文置書尊罍開〔2〕。但欣引人著勝地，豈暇問客從何來。走浪畦風初綠稻，屑塵村雨欲黃梅。十泓琥珀今餘幾，壘塊非澆不可摧。

〔校注〕

〔1〕原仲：胡憲，字原仲。

〔2〕《唐摭言》「廣文」：「天寶九年七月，詔於國子監別置廣文館，以舉常修進士業

者，斯亦救生徒之離散也。始，其春官氏擢廣文生者，名第無高下。貞元八年，歐陽詹第三人，李觀第五人。邇來此類不乏。暨大中之末，咸通、乾符以來，率以為末第。或曰：鄉貢，賓也；學生，主也。主宜下於賓，故列於後也。大順二年，孔魯公在相位，思矯其弊，故特置吳仁璧於蔣肱之上。明年，公得罪去職，及第者復循常而已。悲夫！」尊罍：泛指酒器。

致中詩戲論詩棋酒輒次原韻

只應心醉六經醇〔1〕，自是陶陶晉魏人。每向幽居橫素榻，惟容我輩岸烏巾。毫端空有千題巧，枰上原無一著真。要得坦然懷抱穩，煩君澆潑乳泓春。〔2〕

〔校注〕

〔1〕六經醇：孔孟六經，醇而無疵。

〔2〕自注：昨書云乳泓未熟，甚渴想風味也。

轉秩奉祠蒙朝佐子靜慶以四六戲裁長句為謝 〔1〕

一嶺無情阻面談〔2〕，鳴翰忽墮得雙函。抽黃對白雖云妙，刻朽噓枯祇益慚。小轉只緣官帶右，雄飛無復夢圖南。借留賴有天台侶，老矣真成七不堪。

〔校注〕

〔1〕面，原作而，據四庫本改。

〔2〕轉秩：《宋史》卷 155《選舉一》：「銓法雖多，而莫重於舉削改官、磨勘轉秩。」

致明贈茯苓如嬰孩狀以詩為報 〔1〕

老松寒不死，密壤聚流脂。小斲凌蒼翠，深藏發怪奇。應憐霜鬢客，為寄玉嬰兒。屑餌消殘疢，同尋汗漫期。

〔校注〕

〔1〕致明：劉繼寬（1078～1154），字致明，號無閡公。今寧波江北區慈城鎮人，劉應時之父。生平業儒。隱德弗耀。建炎間，以儒學淑諸鄉里。著有《紙錢說》《救觸網蝶辨》等文。

范 浚

范浚（1102～1150），字茂明，學者稱香溪先生，婺州蘭溪（今屬浙江）人。紹興初複製舉，大臣舉薦應賢良方正科試，力辭不起，居家講學，篤志求道。二十年卒，年四十九。著有《香溪先生文集》。今錄戲謔詩 9 首。

春融融效李長吉體〔1〕

七天暗地媚春融融，化工點染分花容。東風夜半入香陌，雜樹曉繁爭白紅。蘭叢蕙根芳翠滴，柳豔明眉輕冪屬。紅顏綠鬢青春客，壺中新醅鴨頭色。殘絲冉惹愁如織，日暮低迷草萋碧。

〔校注〕

〔1〕李長吉體：李賀的詩風格奇特，崇尚詭異，浮想聯翩，境界寂寥，常寫神鬼、死亡、黑夜、寒冷，讀之使人不寒而慄，往往熔瑰奇濃豔、清幽峭麗於一爐，被稱為李長吉體。

同俟伯通端杲效盧仝體〔1〕

一春癡癖門長扃，兩耳不聞鵯鳩聲〔2〕。不知東南風，掃盡紅紫英。行行點檢桃李徑，但見樹子青冥冥。門前水流渠，照灼鬚眉清。科斗遊其間，腳股各已生。渠旁草鬱鬱，草底蚯蚓鳴。韻如抽繭絲，幽咽得我聽。念此瑣細物，隨時變音形。黃河赤鯉或點額，老驥塞默長羈縶〔3〕，嗟嗟世路真難行。

〔校注〕

〔1〕伯通：范伯通。范浚侄。伯通在香溪建「訥齋」，從叔范浚為之記。端杲：范端杲，字元章，號楊溪。范浚侄。其受學於叔父范浚。官國子監學賓。　　盧全體：盧全性高古介僻，所見不凡，其詩自成一家，語尚奇譎，後人仿傚比擬，遂為一格，《滄浪詩話・詩體》稱為盧全體。

〔2〕鶗鴂：即杜鵑鳥。

〔3〕羈縻：馬絡頭和韁繩。喻拘繫，束縛。

同弟茂通效溫飛卿體〔1〕

海棠紅歇鶯停歌，麥風時候猶清和。簾垂簌簌深院靜，赤欄細柳陰婆娑。池塘正覺幽事好，萍葉藻蔓涵清波。一雙胡燕薇叢外，銜得芹泥來補窠。

〔校注〕

〔1〕茂通：范茂通，范浚弟。其在香溪上建「斗齋」，范浚有詩《題茂通弟斗齋》。溫飛卿體：即溫庭筠體。溫庭筠古詩師法李賀，瑰麗之辭充滿悲涼之意。尤工近體，辭藻華豔，涵蘊無窮，如《商山早行》的「雞聲茅店月，人跡板橋霜」，《過陳琳墓》的「詞客有靈應識我，霸才無主始憐君」之類，尤為膾炙人口，被稱為「溫庭筠體」。《四庫全書總目》卷一六八《鐵崖古樂府》云：「元之季年（元末）多效溫庭筠體，柔媚旖旎，全類小詞。」

六笑

我笑支道林，遠移買山書。巢由古達士，不聞買山居。我笑賀知章，欲乞鑒湖水。嚴陵釣清江，何曾問天子。我笑陶靖節，自祭真忘情。胡為託青鳥，乃欲長年齡。我笑王無功，琴外無所欲。當其戀五斗，乃獨不知足。我笑杜子美，夙昔具扁舟。老大意轉拙，欲伴習池遊。我笑韓退之，不取萬乘相。三黜竟不去，觸事得讒謗。客言莫謾笑古人，笑人未必不受嗔。螳螂襲蟬雀在後，只恐有人還笑君。回頭生愧不能語，嘲評從今吞不吐〔1〕。譽堯非桀亦何為，訕周譏禹終無取。

〔校注〕

〔1〕評，自注：去聲。

戲贈蜀僧清鑒〔1〕

西川有一鑒子，非銅非鐵非鉛。不假江心百鍊，自然本體精堅。從來無臺可安，瑩磨拂拭都捐〔2〕。歷歷森羅萬象，豈分胡漢蚩妍〔3〕。旁人不敢窮窺，照渠肝膽懸懸。東來吳越萬里，依舊虛明湛然〔4〕。識者知為法寶，不識酬之幾錢。泥塵埋沒不得，光透三千大千〔5〕。

〔校注〕

〔1〕清鑒：蜀僧。景祐三年（1036年）至慶曆五年（1045年），名僧清鑒重建常熟寶岩寺宏偉佛殿，自此名聲大振，成為常熟名寺。

〔2〕慧能名偈：「菩提本無樹，明鏡亦非臺。本來無一物，何處惹塵埃？」范浚此聯表達的是與慧能相同的「空空」智。

〔3〕蚩妍：醜陋與美好。《後漢書‧文苑傳下‧趙壹》：「榮納由於閃揄，孰知辨其蚩妍。」

〔4〕虛明湛然：指心的兩種狀態。

〔5〕三千大千：即三千大千世界。佛教名詞。簡稱大千世界。原來是古印度傳說的一個廣大範圍的世界的名稱。即以須彌山為中心，同一日月所照的四天下為一小世界，合一千個小世界為小千世界，合一千個小千世界為中千世界，合一千個中千世界為大千世界。

擬李太白笑矣乎〔1〕

笑矣乎，笑矣乎。交情貧富古已殊，翟公底用門間書。〔2〕爾真自爾我自我，囂然將奈吾何如。笑矣乎，笑矣乎。世人那得相賢愚，是非正用一理樞。目光莫著牛背上，但付捧腹聊盧胡。笑矣乎，笑矣乎。是生百歲猶蘧廬〔3〕，勿謾辛苦愁其軀。丁年無事且須醉，可待華髮傷頭顱。笑矣乎，笑矣乎。馮讙悲歌食無魚，少陵老跨東家驢。寧如三高飽斫鱠〔4〕，坐嘯一舸凌煙湖。笑矣乎，笑矣乎。相隨出關漢兩疏〔5〕，散資千萬苟隱居。彼皆棄置慕閒逸，得閒何乃翻區區。君不見向來熱手勢莫俱，側肩羹沸權門朱〔6〕。又不見元家胡椒八百斛〔7〕，石家水碓三十區〔8〕。只今人骨久已朽，空餘古冢號寒狐。

〔校注〕

〔1〕擬：仿照。笑矣乎：引用詩人李白雜言詩《笑歌行》中的句子。

〔2〕即翟公之門典。《史記‧汲鄭列傳論》:「始翟公為廷尉,賓客闐門;及廢,門外可設雀羅。翟公始復為廷尉,賓客欲往,翟公乃大署其門曰:『一死一生,乃知交情。一貧一富,乃知交態。一貴一賤,交情乃見』」。

〔3〕蓬廬:古代驛站中供人休息的房子。

〔4〕三高:三名高士。南朝梁何胤及其兄求、點皆隱居不仕,世稱何氏三高。見《南史‧何胤傳》。

〔5〕兩疏:漢疏廣與其姪疏受的合稱。廣為太傅,受為少傅,因年老時同時主動辭官,受到人們尊重。

〔6〕羹沸:喻時局紛擾動亂。《舊唐書‧代宗紀》:「自三盜合從,九州羹沸,軍士膏於原野,民力殫於轉輸」。

〔7〕《新唐書‧元載傳》載:唐代宗時元載任宰相,貪贓枉法,大肆搜刮財產,後被治罪賜死,家財抄沒入官,僅胡椒就有八百石之多。

〔8〕王隱《晉書》載:「石崇有水碓三十區。」寒山詩云:「傳語諸公子,聽說石齊奴。僮僕八百人,水碓三十區。……」

三月廿六日夜同姪端臣端杲觀異書效李長吉體〔1〕

楊花亂落青春暮,燕拂簾旌傍人語〔2〕。縹壺買酒洗春愁,回風落日簷花舞。赫蹏斷爛千載書〔3〕,青燈照字驚蟫魚〔4〕。冬烘老生時自哂〔5〕,安用《盤盂》學田蚡〔6〕。

〔校注〕

〔1〕長吉體:指唐代詩人李賀作品所獨有的風格意境。李賀詩鎔鑄辭采,善於運用神話傳說,語言新奇瑰麗。其詩歌「自成一家,時人稱為『長吉體』」。

〔2〕簾旌:簾端所綴之布帛。

〔3〕赫蹏:古代用以書寫的小幅絹帛。後亦以借指紙。

〔4〕蟫(yín)魚:衣魚的別名。指的是衣服、書籍中的蛀蟲。

〔5〕冬烘:迂腐,淺陋。五代王保定《唐摭言‧誤放》載:唐鄭薰主持考試,誤認顏標為魯公的後代,將他取為狀元。當時有無名氏作詩嘲諷:「主司頭腦太冬烘,錯認顏標作魯公」。

〔6〕《盤盂》學田蚡:《漢書‧田蚡傳》:「田蚡,孝景王皇后同母弟也,生長陵。竇嬰已為大將軍,方盛,蚡為諸曹郎,未貴,往來侍酒嬰所,跪起如子姓。及孝

景晚節，蚡益貴倖，為中大夫。辯有口，學《盤盂》諸書，王皇后賢之。」《盤
盂》諸書，相傳是黃帝的史官孔甲所作的書，凡二十六篇，今已亡。

四月十六日同弟侄效李長吉體分韻得首字〔1〕

黃梅雨歇春歸後，搏黍哺雛鳩喚婦〔2〕。紅殘小頰蹊上花，翠刷濃眉
陌頭柳。籜痕半脫煙篁瘦〔3〕，露蔓幽香逗書牖。雲容漠漠曉陰愁，麥
信風前一搔首。

〔校注〕

〔1〕分韻：數人相約賦詩，選擇若干字為韻，各人分拈，依拈得之韻作詩，謂之分
韻。

〔2〕搏黍：黃鶯的別名。

〔3〕煙篁：竹子。

戲效白傅體送姚刪定〔1〕

倦客長年嗟久客，交遊此地喜偕遊。後溪水接前溪碧，小響峰連大
響幽。千里家山千里夢，一春風月一春愁。今朝共話明朝別，取醉君無
不醉休。

〔校注〕

〔1〕白傅：唐代詩人白居易的代稱。白晚年曾官太子少傅，故稱。

仲 並

　　仲並（約 1147 年前後在世），字彌性，江都（今江蘇揚州）人。高宗紹興二年（1132）進士，晚知蘄州。並工詩文，學識廣博，文章高簡有法度，詩亦清雋拔俗。著有《浮山集》十六卷，已佚。今錄戲謔詩 2 首。

戲李彥平李德邵〔1〕

　　人生貴適意，自苦良亦癡。百年同夢幻，富貴安所施。我生世緣薄，疲弱不可支。紛華豈不佳，自覺心已辭。歸來時自笑，撫手長嗟諮。人生行樂耳，勳業知何時。兩李近豪放，高懷不少卑。謫仙已云歿，流風宛在茲。平子韻絕俗，豪逸真吾師。萬事一粲然，不復論成虧。邵公蘖庵下，操心常苦危。易象魯春秋，憂樂常相隨。端居談利害，羌夷可鞭笞。近亦能稍稍，笑語隨兒嬉。平居如二子，廊廟真所宜〔2〕。人豈不自省，何必求蓍龜〔3〕。漫遊恐未免，慎勿差毫釐。世事足反覆，紛紛盡如斯。錯固不足道，誼也亦為之。請復銘座右，政可為吾規。前言戲之耳，未來容可追。

〔校注〕

〔1〕李彥平：不詳。宋吳芾有《寄李彥平》詩。李德邵：李璜，字德邵。著有《白氏年譜》。

〔2〕廊廟：殿下屋和太廟，指朝廷。

〔3〕蓍龜：古人以蓍草與龜甲占卜凶吉，因以指占卜。

有客來從陽羨，聞元績離家已月餘，由崑山過臨安桐廬計今合歸矣，元績當不惜迂路一訪仆於苕霅間也，戲為一絕招之。元績純孝人，每在道念親殊切〔1〕

　　風露侵人曷往哉，白雲飛處棹徘徊。平時識面盡經過，莫為茅簷偏不來。

〔校注〕

〔1〕陽羨：宜興，在今江蘇。秦漢時稱陽羨，故名。崑山：縣名。今屬江蘇省。因境內有崑山而得名。苕霅：苕溪、霅溪二水的並稱。在今浙江省湖州市境內。是唐代張志和隱居之地。元績：宋慶之，字元績，一字希仁，號飲冰。永嘉（今屬浙江）人。度宗咸淳進士，監慶元府鹽倉，辟浙東幕。詩存十餘首，清麗淡雅，含蓄有餘思。有《飲冰詩集》一卷傳世。

胡　銓

　　胡銓（1102～1180），字邦衡，號澹庵。吉州盧陵（江西吉安）人，高宗
建炎二年（1128）進士。紹興七年（1137），以兵部尚書呂祉薦，授樞密院編
修官。次年，聞高宗、秦檜決策對金求和，乃上書乞斬秦檜、王倫、孫近三人
之頭以謝天下。坐罪除名，編管昭州。乾道六年（1170），起為工部侍郎。淳
熙七年（1180），以資政殿學士致仕。卒諡忠簡。著有《澹庵集》等。今錄戲
謔詩 3 首。

予戲作水墨四紙張慶符有詩因用其韻〔1〕

　　姑孰先生方遣化，饑食饞涎餐餅畫。信知詩必窮乃工，忍窮誰復如
公者。〔2〕崎嶇我已羈江湖，僂肩如我世恐無。從來畫亦窮乃妙，兩窮
相值真堪籲。平生笑坡誇四板，祇愛丹青非道眼。豈如淡墨出天然，雪
欲來時水雲晚。先生一見輒傾倒，回觀濁世秋毫小。不須更羨釣魚翁，
已自超然遊漢表〔3〕。

〔校注〕

〔1〕張慶符：張伯麟，字慶符，當塗人。因斥秦檜議和而被刺配吉陽軍。據李心傳
　　　《建炎以來繫年要錄》卷一五一，紹興十四年六月「丙申，華州觀察使提舉祐
　　　神觀白鍔特刺面配萬安軍。……鍔館客張伯麟嘗題太學壁曰：『夫差！爾忘越
　　　王之殺而父乎。』伯麟亦下獄，獄具鍔坐出言指斥，乃有是命。伯麟亦杖脊刺
　　　配吉陽軍」。在吉陽軍時，伯麟與胡銓為摯友，胡銓文集中多有詩詞唱和交遊。

〔2〕承接歐陽修評梅堯臣「詩窮而工」觀點。

〔3〕漢表：天表，天外。

戲題陳晦叔經略秀齋〔1〕

天宇修眉浮太華〔2〕，晚晴濃綠新如畫。何似文君蹙遠山〔3〕，秀色可餐清更雅。人知潑黛青崿顏，共喜眉宇修彎環。不知是中石蘊玉，遂能發彩驚塵寰。美人美人隔秋水，娟娟靜淑金閨裏。其人如玉德滿身，笑殺西湖比西子。杜陵破帽隨金鞍，心醉歸來空掩關。不須更問許玉斧〔4〕，二十四山如髻鬟。

〔校注〕

〔1〕陳晦叔：生平不詳。曾為江西漕。

〔2〕修眉：指女子纖細的長眉，也喻遠山。太華：山名。即西嶽華山，在陝西省華陰縣南，因其西有少華山，故稱太華。

〔3〕文君：卓文君。遠山：在這裡用來形容女子秀麗之眉。

〔4〕許玉斧：玉斧，傳說中的仙人許翽的小名。亦泛指仙人。韋應物《萼綠華歌》：「世淫濁兮不可降，胡不來兮玉斧家。」

司業口占絕句奇甚銓輒用韻和呈效吳體〔1〕

南山舊說王隱者，北斗今看韓退之。不須覓句花照眼，行見調羹酸著枝。

〔校注〕

〔1〕司業：指程泰之。此詩雖題為和司業（程泰之）口占絕句，受贈者實為王十朋。《王十朋全集》載：「時胡丈同館中諸公見訪，因留小酌，予舉和程泰之梅詩，『壓倒屋簷斜入枝』句，胡頗稱賞，和枝字韻以贈。」胡銓將王十朋比為韓退之，對十朋名節文才深表敬重，末句寄意亦深。王十朋當場次韻回贈云：「平生恨未識剛者，今日豈期親見之。欲把江梅比孤潔，江梅無此歲寒枝。」

馮時行

　　馮時行（1100〔一作 1097〕～1163），字當可，號縉雲。恭州壁山（今四川壁山）人。徽宗宣和六年（1124）進士第一，為丹棱令奉禮部召對。力言和議不可信得罪秦檜，出任萬州知府後罷職。檜死，起任蓬州太守，提點成都刑獄，卒於任所。著有《縉雲集》五十五卷，今僅存四卷。今錄戲謔詩 3 首。

僧有悟策者，見予於珞磧江上，誦程子山、孫季辰、李仁甫賦成都信相寺水月亭之什。僕曩客成都，朝夕過信相，鑒公求此詩至再三，余謂詩於佛法業成綺語，每笑訶之，不為作。今策誦二三公佳句，起予追賦長句付策，令寄鑒公〔1〕

　　天行明月地行水〔2〕，水月相去八萬里。天公大力誰能移，月在水中天作底。我心與月明作兩，真月本在青天上。雖云佛說我別說，恐入眾生顛倒想〔3〕。少城城隈佛宮闕〔4〕，客哦水月僧饒舌。三峽水寒梅花時，起予對月賡此詩〔5〕。

〔校注〕

〔1〕悟策：即策師，僧人。洛（作珞，誤）磧江上：今重慶渝北洛磧鎮濱臨長江。
　　程子山：程敦厚（？～1156？），字子山。眉州眉山（今四川眉山）人。蘇軾
　　表兄程士元之孫。蔭補入仕。又登紹興五年（1135）進士第，授遂寧府教授。
　　次年，應詔上書，且獻所注《經世十論》。又上趙鼎書，極言「戰未必為是而
　　和未必為非」，除通判彭州。紹興十一年，移通判利州。秦檜為相時，上書吹
　　捧秦檜「見機似顏子、任重似伊尹」，得召試館職，授秘書省校書郎。遷禮部

員外郎，進起居舍人兼權中書舍人、兼侍讀。紹興十三年，坐與韓世忠交往密切，大忤秦檜，謫知安遠縣。秦檜死，起為左朝奉郎、充夔州路安撫司參議官。著有《義林》，今佚。孫季辰、李仁甫：生平不詳。宋周密《浩然齋雅談》卷中云：李仁甫十八為眉州解魁。信相寺：即今四川成都北校場側之文殊院。建於南朝，唐、宋時名曰信相寺，說法堂有宋代鑄造護戒神鐵像十尊，具北齊風格。鑒公：疑蜀僧清鑒。此詩作於紹興十四年（1144）十二月，時馮時行居家洛磧。綺語：佛教語。涉及閨門、愛欲等華豔詞藻及一切雜穢語。

〔2〕天行明月地，《全蜀藝文志》卷一三作「青天行月月」。

〔3〕入，《全蜀藝文志》作「落」。

〔4〕少城：成都市舊府城之南城。

〔5〕賡，原作賽，據《全蜀藝文志》改。

李花已盡，再用前韻，末章專屬蒙景明資一笑也〔1〕

向來風前見桃李，今日紛紛落風尾。老人於花亦何有，不用天公事嗔喜。漫天高跨風力長，更飛急雨湔餘香。雪兒歌底踏舞馬，燕子泥邊隨濫觴。明妝皎皎爭前列，觸手還羞疑不潔。芳菲已斷陽臺夢〔2〕，只有消煩嚼冰雪。明年祇應花更奇，豈無方略留春輝。欲作短章憑阿素〔3〕，只待西鄰之子歸。

〔校注〕

〔1〕蒙景明：不詳。

〔2〕陽臺夢：宋玉《高唐賦》：「昔先王嘗遊高唐，怠而晝寢，夢見一婦人，曰：『妾巫山之女也，為高唐之客，聞君遊高唐，願薦枕席。』王因幸之。去而辭曰：『妾在巫山之陽，高丘之阻，旦為朝雲，暮為行雨，朝朝暮暮，陽臺之下。』」

〔3〕阿素：即樊素。唐孟棨《本事詩‧事感》：「白尚書姬人樊素，善歌；妓人小蠻，善舞。嘗為詩曰：『櫻桃樊素口，楊柳小蠻腰。』」後世常用阿素、小蠻作為詠歌妓或侍妾的典故。丘崈《漢宮春‧和辛幼安秋風亭韻，癸亥中秋前二日》：「新度曲，銀鉤照眼，爭看阿素工書。」

郭信可索雲溪詩懶未能作戲成此寄以自解〔1〕

疏疏翠竹淨江沙，遠寄新詩特地誇。月徑剩教添鬢雪，雲溪日放長苔花。也知一決君無勇，豈是狂吟我欲睒。琴鶴今朝隨小隱，詩篇明日寄煙霞〔2〕。

〔校注〕

〔1〕郭信可：郭印（1090 或 1091～1169 以後），字信可，號亦樂居士，成都雙流（今屬四川）人。郭絺子。入太學，政和間進士及第，歷知銅梁、仁壽二縣，為學校教官。與秦檜在太學有舊，後絕不與通。晚年號亦樂居士。年八十餘歲卒。與曾慥、計有功、馮時行等交遊甚密，善為詩，《四庫全書總目》謂其詩「才地稍弱，未能自出機杼，而清詞雋語」，實出於蘇軾一脈。著有《雲溪集》三十卷，已佚，清四庫館臣輯為十二卷。此詩乃馮時行知丹棱任上所作。雲溪：郭印退閒後，於雲溪建獨有堂，雲溪為郭住地。

〔2〕煙霞：泛指山水、山林。

卷十一

王之望

　　王之望（1102～1170），字瞻叔，號漢濱先生。襄陽穀城（今湖北）人。高宗紹興八年（1138）進士。官拜參知政事，兼同知樞密院事。乾道六年（1170）卒於臨海，諡敏肅。有《漢濱集》《西事記》。今錄戲謔詩 7 首。

病後戲贈同官蔣子權〔1〕

　　吾衰謬養生，任運常坦坦。每嬰相如病，漸作叔夜懶〔2〕。昨因觸大暑，留熱在鬲脘〔3〕。醫師戒飲酒，所嗜不可斷。寒熱一朝作，水火互濯熯。地偏無藥餌，伏枕但憂悁。同僚有蔣子，爽俊流輩罕。作詩宗徐庾，巧語如繡纂。間有少陵風，醇音調玉管〔4〕。豈惟詩家秀，從政今可算。牢盆有出納，曉夕親授笇。琴瑟費更張，君能時急緩。公餘治方書，今昔多所纘。有來謁疾病〔5〕，手自施湯散。買藥輟俸錢，為民已痌瘝。我昨病在床，君來問尤款。教我煮橘皮，湯熱過冰碗。繼送桔梗湯，一杯去煩懣。柴胡作引子〔6〕，汗出如被趕。所投立有效，病去若水浣。乃知才藝多，所蓄非竅竅。又聞善騎射，長箭必引滿。設侯六十步，所發無虛箭。觀君精悍姿，此語不其亶。獨於圍棋低，尺固有所短。向來屢小勝，喜氣輒衎衎。我欲張以贏，不令見矛矕。忕心益驕汰，出語頗誇誕。不知小敵堅，一敗石破卵。大戰決雌雄〔7〕，遲君落新館。

〔校注〕

〔1〕同官：在同一官署任職的人，同僚。蔣子權：不詳。

〔2〕叔夜：嵇康，字叔夜。

〔3〕鬲脘：鬲，通「膈」，胸腔與腹腔相隔之處，即現代醫學所稱橫膈或橫膈膜。

〔4〕玉管：玉製的古樂器，用以定律。

〔5〕謁疾：請病假。送葉適《翰林醫痊王君墓誌銘》：「王炎宣撫四川，辟君，軍意有不樂，謁疾而去」。

〔6〕引子：中醫在處方末尾所加的藥引，能加強藥劑的效力。

〔7〕決雌雄：謂決定勝負。《史記·項羽本紀》：「天下匈匈數歲者，徒以吾兩人爾，願與漢王挑戰決雌雄，毋徒苦天下之民父子為也」。

與同舍遊淨明是日大寒予獨乘馬諸公以孟浩然相戲以其鄉人故也關丈有詩次韻〔1〕

慘淡陰風暗廣川，沖寒直到白雲邊。寒驢苦憶長安道〔2〕，古寺深行小有天〔3〕。峴首詩人窮入畫〔4〕，孤山處士句堪傳〔5〕。疑君便是林君復，妙字清題故宛然。〔6〕

〔校注〕

〔1〕淨明：即淨明院。據《咸淳臨安志》《西湖遊覽志》載，其在杭州城嘉會門外。《咸淳臨安志》引宋徐清叟《淨明院和御製詩》：「沖凍細尋梅信息，枝頭喜見狀元花。」樓鑰有《泉口淨明院晝寢》詩、鄭清之有《淨明院》詩。

〔2〕長安道：追求名利之道。漢樂府《橫吹曲》名。內容多寫長安道上的景象和客子的感受，故名。南朝陳後主、徐陵和唐代韋應物、白居易等均寫有此曲。

〔3〕自注：淨明有邊郎中詩云：疏篁蔥蒨雲添潤，亂石玲瓏蘚借斑。小有洞從仇穴入，妙峰頂對德雲間。同行者皆愛之。　　小有天：道家所傳洞府名。在河南省濟源縣西王屋山。《太平御覽》卷四十引《太素真人王君內傳》：「王屋山有小天，號曰小有天，周回一萬里，三十六洞天之第一焉。」

〔4〕峴首：山名。即湖北襄陽縣南的峴山。

〔5〕孤山處士：即北宋林逋。人稱孤山處士。《宋史·隱逸傳上·林逋》：「林逋字君復，杭州錢塘人……初放遊江間，久之歸杭州，結廬西湖之孤山，二十年足不及城市。」

〔6〕自注：淨明有子東詩。子東，臨安人也。

戲景思〔1〕

其一

明鏡佳期故未忘，月圓人缺恨何長。陽臺朝暮誰為主〔2〕，夢裏時時怨楚王。

其二

顏色傾城藝更精，愛卿長是說卿卿。卷中昔日崔徽貌〔3〕，重見應憐太瘦生。

〔校注〕

〔1〕景思：謝伋，字景思，自號藥寮居士。謝克家之子。蔡州上蔡（今屬河南）人。南宋初，歷任詳定一司敕令所刪定官、祠部郎官、大宗正丞兼權太常少卿等職。曾條上宗室五事：曰舉賢才、更法制、擇官師、繼封爵、修圖牒。除「繼封爵」，均被採用。後任工部員外郎、知處州。紹興二十七年（1157），遷浙西路提舉常平。著有《四六談麈》《藥寮叢稿》。

〔2〕陽臺：戰國楚宋玉《高唐賦》序：「昔者先王嘗遊高唐，怠而晝寢，夢見一婦人，曰：『妾在巫山之陽，高丘之岨，旦為朝雲，暮為行雨，朝朝暮暮，陽臺之下。』」後遂以陽臺指男女歡會之所。

〔3〕崔徽：唐歌妓名。曾與裴敬中相愛，既別，託畫家寫其肖像寄敬中曰：「崔徽一旦不及畫中人，且為郎死」後抱恨而卒。事見唐元稹《崔徽歌序》。後多以指美麗多情或善畫的少女。

倚江亭會上虞伯達送梅花並二絕句坐上次韻並調賀子忱〔1〕

其一

腸斷江頭索笑花，三三兩兩逐枝斜。忽隨清絕驚人句，來自西湖處士家〔2〕。

其二

喜見江梅又著花，插來不怕帽檐斜。高標幽韻誰真似，人在風流賀監家。〔3〕

〔校注〕

〔1〕伯達：不詳。子忱：賀允中（1090～1168），字子忱。蔡州汝陽（今河南汝南）

人。政和五年（1115）進士，歷任潁昌府教授、秘書省校書郎、司門員外郎、福建路轉運副使。受秦檜壓制。遂奉祠。閒居五年，復起為福建安撫司參議官，尋坐與李光通書，貶秩。秦檜死，歷任太常少卿、禮部侍郎、給事中等職。紹興二十九年，以吏部尚書拜參知政事。清介剛正，不為勢屈。次年，因忤宰相湯思退，遂以資政殿學士致仕。

〔2〕西湖處士：指北宋詩人林逋。林為杭州錢塘人。結廬西湖之孤山，二十年足不及城市，號「西湖處士」。

〔3〕自注：賀子忱家侍兒有以梅名者。　　賀監：賀知章，越州永興人，開元間為太子賓客秘書監。

題前詩已天忽作雨戲成一絕

歲暮靈泉水未饒，蒼崖無復舞飛蛟。詩成不覺天零雨，料得神龍欲解嘲〔1〕。

〔校注〕

〔1〕神龍：謂龍。相傳龍變化莫測，故有此稱。

曾惇

　　曾惇（生卒年不詳），字弘父，後人以避寧宗諱，以字行。南豐（今屬江西）人。曾布孫，曾鞏姪孫，曾紆子。紹興三年（1133），為右通直郎、太府丞，次年罷。十二年，知黃州。十四年，知台州。十八年，遷知鎮江府。二十六年，知廣州。著有《曾弘父詩詞》一卷。今錄戲謔詩 1 首。

洪景伯飲諸丈分繡閣以詩戲之〔1〕

　　新營小閣面孱顏，領客開樽紫翠閒〔2〕。千里畫圖供徙倚，一時名勝喜躋攀。好風已破晚來暑，小雨不遮湖上山。老子個中殊不淺〔3〕，尚堪同醉看弓彎〔4〕。

〔校注〕

〔1〕洪景伯：即洪适，字景伯。饒州鄱陽（今江西）人，初官修職郎。因忤秦檜，罷官，檜死，復起用。孝帝時官至同中書門下平章事，兼樞密使。繡閣：猶繡房。女子的居室裝飾華麗如繡，故稱。

〔2〕開樽：亦作「開尊」。舉杯飲酒。

〔3〕老子：老年人自稱，猶老夫。個中：隱語，指妓家。

〔4〕弓彎：指舊時婦女裹纏如弓形的腳。

葛立方

葛立方（約 1092～1164），字常之，自號嬾真子。江陰（今屬江蘇）人。勝仲之子。隨父徙居吳興。高宗紹興八年（1138）進士。歷任左奉議郎、太常博士，除秘書省正字，遷校書郎，為考功員外郎兼中書舍人。著有《韻語陽秋》二十卷、《歸愚集》十卷。今錄戲謔詩 1 首。

子直近日畫筆稍進而棋似倒長作詩戲之〔1〕

沈郎終日掩柴扉，遊藝雖多道日肥〔2〕。東絹丹青真得髓〔3〕，文楸黑白要知機〔4〕。筆添龍眼防頹壁，陣合魚麗孰解圍〔5〕。暇日杖藜須過子，一枰贏取畫圖歸。

〔校注〕
〔1〕子直：沈子直。張孝祥有《回沈子直禮書》
〔2〕遊藝：謂遊憩於六藝之中。後泛指學藝的修養。
〔3〕東絹：舊稱四川省鹽亭縣產的鵝溪絹，多用於繪畫。
〔4〕文楸：棋盤。古代多用楸木做成，故名。
〔5〕魚麗：古代戰陣名。

吳芾

吳芾（1104～1183），字明可，號湖山居士，吳師錫第四子，台州仙居（今屬浙江）人。高宗紹興二年（1132）進士及第，為秘書省正字，以不附秦檜，先後出為處、婺、越三州通判。後除殿中侍御史，主張帝王正本，力主高宗親征。孝宗即位，歷知婺州、紹興、臨安府，累遷吏部侍郎。淳熙十年六月卒，諡康肅。著有《湖山集》。今錄戲謔詩1首。

城上初作新亭猶未名也，邦人闃然稱為三槐，殊不知所從來，揣其意必以亭下有槐一根三幹、挺然秀出，故有是號，然非所宜言也，余恐不知者謂出自我，作數語以解之

我心祇是憶天台〔1〕，欲去無從首重回。若得此時追五柳〔2〕，絕勝他日面三槐〔3〕。年年白髮催人老，夜夜青山入夢來〔4〕。縱有萬鍾非我事，何如且覆掌中杯。〔5〕

〔校注〕

〔1〕天台：山名。地處浙江省天台縣北。南北朝《陶弘景真誥》記載：「天台山山有八重、四面如一，頂對三辰，或曰當牛女之分，上應臺宿，故名。」神話傳說劉晨、阮肇入天台山採藥遇仙即此。

〔2〕五柳：五柳先生，指陶淵明。

〔3〕三槐：相傳周代宮廷外有三顆槐樹，三公朝天子時，面向三槐而立。後因以三槐象徵著朝廷官職最高的三公。北宋王祐廳堂名三槐堂，因他曾植三株槐樹於庭院而得名。王祐本人被封為晉國公，其子王旦封為魏國文正公，其孫王素封為魏國懿敏公。

〔4〕青山：指歸隱之處。唐賈島《答王建秘書》詩「白髮無心鑷，青山去意多」。

〔5〕原校：一作慚愧邦人言過矣，衰翁百念久如灰。

陳棣

陳棣（約 1140 年前後在世），字鄂父，處州青田（今屬浙江）人。父陳汝錫字師予，官至浙東安撫使，棣以蔭任官，初為桐城掾，官終奉議郎、潭州通判。著《蒙隱集》，已佚。今錄戲謔詩 20 首。

端午洪積仁召客口占戲柬薛仲藏〔1〕

佳節撩人愁欲臥，衝門都騎傳呼過。想簪榴艾泛菖蒲，應召鄒枚雜郊賀〔2〕。歌聲端不羨紅兒〔3〕，酒力真堪欺白墮〔4〕。自愧雖非趙倚樓〔5〕，何當一效陳驚座〔6〕。

〔校注〕

〔1〕薛仲藏：宋王明清《揮麈錄》中錄有薛仲藏其言。

〔2〕鄒枚：漢鄒陽、枚乘的並稱。

〔3〕紅兒：杜紅兒。唐代名妓。

〔4〕白墮：釀酒人名。北魏楊衒之《洛陽伽藍記·法雲寺》：「河東人劉白墮善能釀酒。季夏六月，時暑赫晞，以罌貯酒，暴於日中。經一旬，其酒不動，飲之香美而醉，經月不醒。」

〔5〕趙倚樓：指唐渭南尉趙嘏。嘏工詩，杜牧最愛其「長笛一聲人倚樓」句，因稱為「趙倚樓」。

〔6〕陳驚座：《漢書》卷九二《遊俠傳·陳遵》：「（陳）遵（字孟公）長八尺餘，長頭大鼻，容貌甚偉。略涉傳記，贍於文辭。性善書，與人尺牘，主皆藏去以為榮。請求不敢逆，所到衣冠懷之，唯恐在後。時列侯有與遵同姓字者，每至入

門，曰陳孟公，坐中莫不震動，既至而非。因號其人曰『陳驚座』云。」後用以借指名震於時的名士。

用韻戲趙貫道買妾並呈鄭舜舉王有之二丈[1]

碧玉雙簪兩髻丫[2]，滿懷春恨正萌芽。停橈空對無情水，倚檻誰鄰解語花。早與幽閨深領略，毋令狂客浪矜誇。須知三昧非凡手，北苑知名第一家。[3]

〔校注〕

〔1〕趙貫道、王舜舉、王有之：均不詳。陳槱詩另有《次韻王有之主簿二首》，知其曾任主簿。

〔2〕碧玉：借指年輕貌美的婢妾或小家女。唐白居易《南園試小樂》詩：「紅蕚紫房皆手植，蒼頭碧玉盡家生。」

〔3〕自注：時貫道買妾置舟中，舜舉有就茶求見之語。

高師魯以詩求鶴膝杖且有詩壇尋盟之語戲次其韻[1]

其一

莫將好語趁時名，寶唾聯篇得我驚。酬唱蜂腰徒自苦，棄捐鶴膝太無情[2]。故人何止十年別，上座曾同千里行。散策尋幽江上路，何時歸踐白鷗盟。

其二

榮枯寵辱盡強名，老去無堪只自驚。尤物端能亂人意，粗官安得有詩情[3]。暫憑竹杖聊相譆，敢對金樽略放行[4]。果向詩壇尋舊約，心如江水不須盟。

〔校注〕

〔1〕高師魯：睦州詩派詩人。唐有方干、徐凝，李頻、施肩吾；在宋渡江後有高師魯、滕元秀，皆清峻簡遠，各自名家；號睦州詩派。

〔2〕蜂腰：舊詩做法中的八病之一。相傳為南朝梁沈約所提出。《南史·陸厥傳》：「約等文皆用宮商，將平上去入四聲，以此制韻，有平頭、上尾、蠭腰、鶴膝。」

〔3〕粗官：亦作「麤官」。古代重文輕武，呼武官為「粗官」。

〔4〕金樽：亦作「金尊」。酒尊的美稱。

庚申日戲題

　　多情節物苦撩人，用事葩華巧鬥新。老去唯愁添甲子，年來不獨畏庚申。身閒淡淡心機靜，夢好齁齁鼻息勻。政使三彭肆簧舌〔1〕，冰壺貯月本無塵。

〔校注〕

〔1〕三彭：三屍、三屍蟲、三屍神。張讀《宣室志》卷一：「契虛因問桱子曰：『吾向者謁覲真君，真君問我三彭之仇，我不能對。』桱子曰：『夫彭者，三屍之姓，常居人身，伺察功罪，每至庚申日，籍於上帝。故凡學仙者，當先絕其三屍，如是則神可得，不然雖苦其心無補也，』」道教徒認為，人體內有三屍蟲，危害人的性命，故稱三屍蟲。因均姓彭，又稱三彭。《太上三屍中經》說上屍彭倨，在人頭中；中屍彭質，在人腹中；下屍彭矯在人足中。上屍好寶物，令人陷昏危。中屍好五味，惑人意識。下屍好色欲，迷惑人。道家認為三屍欲人速死，是謂邪魔，當以庚申日守一，滅三屍。謂役人魂魄、識神、精志的三種因素。如宋陸遊《病中數辱》詩：「凡藥豈能驅二豎，清心幸足制三彭。」這二句說，服食松脂，可以令三屍蟲苦槁而死，使新生的人體在五穀湯中沐浴更新。

客舍久雨無酒戲柬沈泰叔

　　秋來潦涔幾曾乾，旅邸盤旋尋丈間。擬仗神功擊陽石〔1〕，卻疑天漏類陰山〔2〕。已甘從事經年別，未放管城終日閒〔3〕。欲課新詩強消遣，客情無賴語還慳。

〔校注〕

〔1〕陽石：即陽起石，中醫用作強壯和收斂劑。《史記》卷一○五《太倉公傳》：「扁鵲曰：『陰石以治陰病，陽石以治陽病。』」

〔2〕陰山：今河套以北、大漠以南諸山統稱。王昌齡《出塞》之一：「但使龍城飛將在，不教胡馬度陰山。」

〔3〕管城子：唐韓愈作寓言《毛穎傳》，稱筆為管城子。後因以「管城子」為筆的別稱。

次韻

莫訝經句笑語乾，誰令插手斗筲間〔1〕。長篇險語懷東野，俗狀塵容愧北山〔2〕。車馬無堪泥淖滑，蛟龍不放水雲閒。翻思九夏無涓滴，天意何如向日慳。

〔校注〕

〔1〕斗筲：量器。斗，容十升；筲，竹器，容斗二升。漢桓寬《鹽鐵論》：「家無斗筲，鳴琴在室。」

〔2〕東野：孟郊；北山：孔稚圭《北山移文》。

別墅芍藥盛開沈公闢有詩見嘲次韻代柬

其一

誰為東君得意忙〔1〕，尚留紅藥殿群芳。臉霞得酒生朝暈〔2〕，衣翠籠紗弄晚妝。剩馥倚風來蝶翅，殘膏和露到蜂房〔3〕。惜花極力搜佳句，瘦損東陽笑沈郎〔4〕。

其二

翰林憶昔詠孤芳，自合移根向玉堂〔5〕。貴客親陪天女手，侍臣應帶御爐香。花前未許退之醉，江上空嗟子美狂。一夜殷紅飄落盡，不堪寂寞對霞觴。

〔校注〕

〔1〕東君：司春之神。

〔2〕臉霞：指泛在臉上的紅色。宋周邦彥《醉桃源》詞：「燒蜜炬，引蓮娃，酒香薰臉霞。」

〔3〕剩馥、殘膏：猶餘澤。剩餘的美好事物。《新唐書·文藝傳上·杜甫贊》：「它人不足，甫乃厭餘，殘膏剩馥，沾丐後人多矣。」

〔4〕東陽：指南朝梁沈約。因其曾為東陽守，故稱。亦借指腰肢瘦損之義。南唐李璟《浣溪沙》詞之三：「風壓輕雲貼水飛，乍晴池館燕爭泥。沈郎多病不勝衣。」

〔5〕玉堂：泛指宮殿。

次韻艾慎機縣庠蕉花〔1〕

蕉心擢秀占文庭，潤沃偏宜雨露聲。已向杏壇新表瑞，莫嫌花譜舊無名。決科此日先幽讖，記異他年見史評。況有能詩賢令尹〔2〕，直將美事付群英。

〔校注〕

〔1〕艾慎機：生平不詳。周紫芝《書〈奉親養老書〉後》云：「余與艾慎機出同王事入則分產而居，見其奉親之孝甚謹，意其近世無與比者，宜此書之未嘗去眼也。紹興十六年正月七日書。」則知其與周紫芝有交往。

〔2〕令尹：春秋戰國時楚國執政官名，相當於宰相。此指艾慎機。

艾以諸公雌黃其詩意殊不平戲用前韻〔1〕

載味君詩字字新，方知後實稱先聲。文章素號五經笥〔2〕，姓字行添千佛名。趙璧有瑕虛指示，隨珠無價妄譏評。官閒聊戲管城穎〔3〕，小草銀鉤亂伯英〔4〕。

〔校注〕

〔1〕雌黃：指妄加評論；謬論。

〔2〕五經笥：《後漢書‧文苑傳上‧邊韶》：「腹便便，五經笥。」言其腹中裝滿經學，有如藏五經的竹箱，後用以稱精通經學的人。

〔3〕管城穎：猶筆穎。指筆頭。宋蘇軾《和黃秀才鑒空閣》：「借君方諸淚，一沐管城穎。」

〔4〕伯英：東漢書法家張芝的字。南朝齊蕭子良《答王僧虔書》：「伯英之筆，窮神盡意。」唐錢起《送外甥懷素上人歸鄉侍奉》詩：「能翻梵王字，妙盡伯英書。」

戲德秀幾道〔1〕

小檻新篁脫籜初，依然數軸壁間書。已無塵落清聲外，空有香分素手餘。古獄冤銷神劍去〔2〕，高堂夢破曉雲疏。圜扉只掩青青草〔3〕，門外應無長者車〔4〕。

〔校注〕

〔1〕德秀：鞏庭芝，字德秀，人稱山堂先生。東平府須城（今山東東平）人，建炎

南渡，寓居婺州武義（今屬浙江）。紹興中登進士第，官終太平州錄事參軍。
幾道：名不詳。

〔2〕古獄冤：《太平御覽》卷九四四引《廣五行記》：「漢武帝幸甘泉宮，馳道中有蟲，
赤色，頭目鼻盡具，觀者莫識。帝使東方朔視之，對曰：『此秦時拘繫無辜，眾
庶愁死，咸仰首歎曰：「怪哉！」故名怪哉。此必秦之獄處。』朔又曰：『凡優
者得酒而解，以酒沃之當消。』於是取蟲置酒中，須臾麋散。」《北齊書·樊遜
傳》：「遂使長平獄氣，得酒而後消；東海孝婦，因災而方雪（報仇雪恨）。」

〔3〕圜扉：獄門。亦借指為牢獄。南朝齊王融《三月三日曲水詩序》：「稀鳴桴於砥
路，鞠茂草於圜扉。」呂向注：「圜扉，獄也。」

〔4〕長者車：顯貴者所乘車輛之行跡。語本《史記·陳丞相世家》：「（陳平）家乃
負郭窮巷，以獘席為門，然門外多有長者車轍。」後常用為稱頌來訪者之典實。

使君饋食戲少蒙教授〔1〕

朝來食指非常動〔2〕，果報兵廚已割烹。醇德且多從事酒〔3〕，珍庖
特異小人羹。虎頭食肉方灰念〔4〕，羊腳蹢蔬應震驚。歸遺細君真得計
〔5〕，隨緣燈火任卿卿。

〔校注〕

〔1〕少蒙：尤著（1105～？），字少蒙，無錫（今江蘇無錫）人，輝子。年二十八，
登紹興二年進士第。歷太學錄、博士、宗正簿、兵禮二部郎中、太子詹事，官
至權工部侍郎。致仕後徙居鵝湖西偁里，因號西偁居士。見《萬柳溪邊舊話》。

〔2〕食指動：預兆將有口福。語出《左傳。宣公四年》：「楚人獻黿於鄭靈公。公子
宋與子家將見。子公之食指動，以示子家，曰：『他日我如此，必嘗異味。』
及入，宰夫將解黿，相視而笑。公問之，子家以告。及食大夫黿，召子公而弗
與也。子公怒，染指於鼎，嘗之而出。」

〔3〕從事酒：即青州從事，用以比喻美酒。典出南朝宋劉義慶《世說新語·術解》：
「桓公有主簿善別酒，有酒輒令先嘗。好者謂『青州從事』，惡者謂『平原督
郵。』青州有齊郡，平原有鬲縣。從事，言到臍；督郵，言在鬲（膈）上住。」
意為像「青州從事」這樣的美酒的酒氣可直到臍部。

〔4〕虎頭食肉：虎頭：謂頭形似虎，古時以為貴相。食肉：謂做高官，封侯。指地
位高的人。

〔5〕細君：古稱諸侯之妻。後為妻的通稱。

戲效連珠迭韻體〔1〕

泝流暹澀須流輕，石岸崎嶇沙岸平。高樹影藏低樹影，前灘聲掩後灘聲。飛禽飛去語禽語，歸客歸休行客行。望斷誰憐魂欲斷〔2〕，詩成轉覺夢難成。

〔校注〕

〔1〕連珠：文體名。起於漢代，班固、賈逵皆有作。其體不指說事情，借譬喻委婉表達其意，文辭華麗，歷歷如貫珠，故名。後人加以擴充，有演連珠、擬連珠、暢連珠、廣連珠等稱。

〔2〕望斷：向遠處望直至看不見。《南齊書·蘇侃傳》：「青關望斷，白日西斜。」

戲題酒肆

一氣無私萬物春，小兒造化果能神。鳥啼花發邃如許，酒病詩狂那厭頻。倒著敢期山簡醉，典衣誰計少陵貧〔1〕。上林五祚他年賦，姑作臨邛滌器人〔2〕。

〔校注〕

〔1〕典衣：指飲酒。清曹寅《讀朱赤霞寄後陶詩漫和》：「徇罷典衣違例禁，病餘丸藥避章糾。」

〔2〕臨邛滌器：《史記·司馬相如列傳》：「相如與（文君）俱之臨邛，盡賣其車騎，買一酒舍酤酒，而令文君當爐。相如身自著犢鼻褌，與保庸雜作，滌器於市中。」後因以為典，亦泛指酒。

岩桂餉鄭舜舉戲筆代柬〔1〕

其一

天香薰透闢寒金〔2〕，拂拂鵝黃漢額深。多謝西風喚幽夢，徑隨秋蝶到疏林。

其二

折得天葩滿袖香〔3〕，小窗寂寂伴淒涼。何如乞與文園客〔4〕，瑤鬢斜簪試晚妝。

〔校注〕

〔1〕鄭舜舉：鄭汝諧（1126？～1205），字舜舉，號東谷居士，處州青田（今屬浙江）人。高宗紹興二十七年（1157）進士。淳熙中，歷任知武岡軍、池州、江西轉運副使、大理少卿等職，曾為陳亮解脫冤獄。孝宗乾道四年（1168），任江西轉運使、兼知信州，與辛棄疾酬唱。淳熙十四年（1187），出知紹興府兼浙東安撫使。紹熙三年（1193）。為賀正旦使出使金朝，次年南歸。官至徽猷閣待制、吏部侍郎。著有《東谷易翼傳》二卷、《論語意原》《東谷集》（均佚）。

〔2〕闢寒金：相傳三國魏明帝時，昆明國進貢嗽金鳥，鳥吐金屑如粟。宮人爭以鳥吐之金飾釵佩，謂之「闢寒金」。因此鳥不怕嚴寒之故。宮女們還互相取笑道：「不戴闢寒金，哪得帝王心？不戴闢寒鈿，哪得帝王憐？」見晉王嘉《拾遺記‧魏》。

〔3〕天葩：非凡的花，常比喻秀逸的詩文。唐韓愈《醉贈張秘書》詩：「東野動驚俗，天葩吐奇芬。」

〔4〕文園客：漢司馬相如曾任文園令，見《史記‧司馬相如傳》。後因以文園喻指文士。唐杜牧《為人題》詩：「文園終病渴，休咏《白頭吟》。」

再次韻

其一

翠葆低籠衣縷金〔1〕，惱人風味在秋深。不緣月窟移仙種〔2〕，安得塵寰有桂林。

其二

天恐花神漏泄香，故教醞釀待新涼。丹鉛不禦豐容淺，一洗塵凡時世妝。

〔校注〕

〔1〕翠葆：指帝王儀仗的一種或作為天子的代稱。南朝齊謝朓《侍宴華光殿曲水奉敕》詩：「翠葆隨風，金戈動日。」

〔2〕月窟移仙種：即「中秋月下尋遺子」。唐白居易《憶江南詞三首》其二：「江南憶，最憶是杭州。山寺月中尋桂子，郡亭枕上看潮頭，何日更重遊。」又，《東城桂三首》其一：「子墮本從天竺寺，根盤今在闔閭城。當時應逐南風落，落向人間取次生。」作者自注：「舊說，杭州天竺寺每歲秋中，有月桂子墮。」

讀豫章集成柏梁體〔1〕

元祐升平超治古〔2〕，誕布人文化寰宇。道山翰苑郡仙處，一代文章繼周魯〔3〕。斯道盟寒誰是主，眉山二老文章虎〔4〕。眉山鑒裁高難與，網羅九萬搏風羽。晁張超然鴻鵠舉，秦郎繼作翹翹楚〔5〕。餘子紛紛謾旁午，韓門籍湜何須數〔6〕。豫章詩律加嚴苦〔7〕，洗空萬古塵凡語。後來鮮儷前無伍，真是江西第一祖。錦繡陸離纏肺腑，寶唾珠璣終日吐〔8〕。兔穎煙煤驟如雨〔9〕，混然天成絕斤斧。騷經抑怨知何補，白雪陽春空媚嫵。囊括鮑謝包徐庾〔10〕，下視謫仙平揖甫〔11〕。近時作者宗燕許〔12〕，入社投名仰成矩。殘膏剩馥爭探取，派別枝分已難御。專黨同門伐異戶，陳言糟粕棄如土。宗門不絕僅如縷，究竟疇能躋前武〔13〕。遺編璀璨瓊瑤譜〔14〕，八珍間列羅樽俎。誦之琅琅中宮呂，心清何止頭風愈。古人純全嗟莫睹，徒味篇章想簪組。鋪張盛美誇才諝，自笑雷門持布鼓〔15〕。

〔校注〕

〔1〕柏梁體：七言古詩的一種。相傳漢武帝在柏梁臺上和群臣共賦七言詩，人各一句，每句用韻，後人謂此體為柏梁體。

〔2〕治古：指古代升平社會，古之治世。

〔3〕周魯：指先秦典籍《詩經》之類。

〔4〕眉山：宋代大文學家蘇軾的代稱。蘇為四川眉山人，故稱。二老：尊稱同時或異代齊名的長者二人。蘇軾、蘇轍兄弟。

〔5〕秦郎：指秦觀。蘇門四學士之一。

〔6〕籍湜：唐代文學家張籍和皇甫湜的並稱。兩人都是韓愈的學生。

〔7〕豫章：指宋黃庭堅。

〔8〕寶唾：對人的談吐和文詞的贊辭。宋黃庭堅《被褐懷珠玉》詩：「寶唾歸清簡，晴虹貫夜窗。」

〔9〕兔穎：兔毛製的筆。亦泛指毛筆。

〔10〕鮑謝：南朝詩人鮑照和謝朓的並稱。徐庾：南朝陳徐陵和北周庾信的並稱。

〔11〕謫仙：李白。甫：杜甫。

〔12〕燕許：唐玄宗時名臣燕國公張說、許國公蘇頲的並稱。兩人皆以文章顯世，時號「燕許大手筆」。

〔13〕前武：前人的足跡。喻前人的典範。

〔14〕瓊瑤：喻美好的詩文。

〔15〕雷門持布鼓：《漢書・王尊傳》：「毋持布鼓過雷門。」顏師古注：「雷門，會稽城門也，有大鼓。越擊此鼓，聲聞洛陽……布鼓，謂以布為鼓，故無聲。」後以「布鼓」為淺陋之典。

許志仁

　　許志仁，字信叔。宋孝宗時人，與姚寬同時。《全宋詩》存詩 12 首。今錄戲謔詩 1 首。

繫冠船蓬自戲

　　竹皮狗尾粗斕斑〔1〕，神虎門前興已闌〔2〕。每恨誤身誠可溺，殆將苴履不須彈。數莖漸覺勝簪怯，一免當知復冠難。柱後惠文非所志〔3〕，寧從子夏學酸寒〔4〕。

〔校注〕

〔1〕狗尾：喻昏庸或職卑的官吏。唐劉肅《大唐新語·忌戒》：「或謂之曰：『何不與給事同籍？五品家當免差科。』仁相曰：『誰能向狗尾底避陰涼？』」

〔2〕神虎門：古宮門名。位於南朝時建康（今南京）皇宮的西首。

〔3〕柱後惠文：冠名。執法官、御史等所戴。《漢書·張敞傳》：「秦時獄法吏冠柱後惠文。」

〔4〕子夏：《史記·仲尼弟子列傳》：「卜商字子夏。少孔子四十四歲。」「孔子既沒，子夏居西河教授，為魏文侯師。其子死，哭之失明。」裴駰《集解》：「《家語》云衛人。鄭玄曰溫國卜商。」《論語·先進》：「文學：子游、子夏。」